불가능한 애도

불가능한 애도

박영진 조영아 서지형 박영옥 이혜인 고해종 김민호
큉탱 메이야수 지음

LIMBO

도달할 수 없는 것은 절뚝거리면서 도달해야 한다···.
그 책은 우리에게 발을 절뚝거리는 것이
죄가 아니라고 말해 주고 있다.

지그문트 프로이트, 「쾌락 원칙을 넘어서」

바로 이것이 절대적인 비밀입니다.
어원을 보면 풀려난 것(ab-solu)입니다.
연결로부터 잘려 나온 것, 떨어져 나온 것, 연결될 수 없는 것,
그것이 바로 연결의 조건입니다.

자크 데리다, 『비밀의 취향』

우리는 비밀스러운 우정에 의해 죽음에 연결되었다.

모리스 블랑쇼, 『나의 죽음의 순간』

신은 이제 여하한 법칙에 종속되지 않는
카오스의 결과, 우연적이되 영원히 가능한
결과로서 사유될 수 있어야 한다.

퀑탱 메이야수, 「도래할 애도, 도래할 신」

일러두기

● 번역된 글 또는 인용된 부분 중 원문의 이탤릭체는 고딕체로, 대문자는 볼드체로, 역자의 삽입은 대괄호로 표기했다.

● 국내 저자의 강조는 볼드체로 표기했다.

● 파울 첼란(Paul Celan)의 모든 시와 비스와바 쉼보르스카
(Wislawa Szymborska)의 시 인용은 이탤릭체로 표기했다.

● 퀑탱 메이야수(Quentin Meillassoux)의 「도래할 애도, 도래할 신(Deuil à venir, dieu à venir)」의 번역은 《크리티크》 704-705호(Critique n°704-705)에 실린 것을 참고했다.

차례

서문 9

애도에 관한 노트 / 박영진 13

끝나지 않는(태어나지 않은) 그 / 조영아 29

파괴적인 대상에 매혹되기 / 서지형 51

마지막으로 말할 사람 / 박영옥 69

아무것도 아닌 것으로 말하기 / 이혜인 95

마침내 사는 법을 배우기 / 고해종 119

애도를 상속하기
: 《어바웃 타임》에 대한 한 가지 독해 / 김민호 141

도래할 애도, 도래할 신 / 쾽탱 메이야수 159

서문

나는 태어나자마자 의사에게 (이른) 죽음을 선고받은 내 형제에게 기대어 태어났다. 어릴 적 우연히 한 가족으로부터 내가 "아픈 그 덕분에 태어났다"라는 말을 전해 들었다. 이후 내 삶은 처음부터 그의 삶-죽음과 겹쳐져 있다고 느끼게 되었다.

물론 우리 남매의 경우가 아니더라도, 모든 삶에는 죽음이 깃들어 있다. 이처럼 죽음과 삶은 서로 대립하는 것이 아니라 중첩되어 있다. 이 책은 이 둘을 더욱 긴밀히 연결하고 싶은 바람에서 시작되었다. 이런 이유에서 둘 사이에 자리하고 있는 틈을 다루고자 했으며, 이를 위해 애도라는 주제로 정신분석(프로이트-라캉)과 데리다, 블랑쇼의 말을 살피고자 했다. 이들은 늘 "모든 가능성의 불가능성으로서의 회귀인 죽음"(『카오스의 글쓰기』, 130쪽)에 대해 말해 왔고, 그렇기에 그들의 말은 죽지 않는다. 나아가 메이야수의 '신적 비실존L'inexistence divine' 개념 역시 그러한 틈을 여는 것과 연결되어 있기에, 그의「도래할 애도, 도래할 신」을 함께 싣고자 했다. 이에 따라 첫 번째와 두 번째 장에는 정신분석의 애도에 관한 글을, 세 번째와 네 번째 장에는 블랑쇼의 애도에 관한 글을, 여섯 번째와 일곱 번째 장에는 데리다의 애도에 관한 글을 그리고 마지막 장에는 메이야수의 글을 싣게 되었다. 첫 번째와 두 번째, 세 번째와 네 번째, 여섯 번째와 일곱 번째 장을 각각 한 장으로 줄이고, 대신 애도에 관한 다른 이들의 글을 더 실을 수도 있었을 것이다. 그럼에도 분리된 동시에 이어진 이중을 떠올리며 두 장을 함께 잇고 싶었다. 이어지는 두 장의 저자들은 책 밖에서도 서로 연결되어 있는데, 이를테면 우정을 나눠 온 친구라든가, 분석가와 분석자라든가, 블랑쇼 국역판 선집의 번역에 함께 참여한 이들로 관계를 맺고 있다.

다섯 번째 장에는 무한한 애도로 나아가는—아무것도 없는/아닌 것rien에 다가가는—샹탈 아케르만의 작업에 관한 글이 실려 있다. 이 책 또한 아무것도 없는 것의 위상에 관해 말하기를 시도하거나, 그러한 말에 실패하더라도 우물거리는 책이 되기를 바랐다. "아마도 아무것도 없는 것이 아니라 아무것도 없는 것이 아닌 것"(『세미나 11』, 103쪽)이어서 우물거리고 있는 것이겠지만 말이다.

이 책에 샹탈 아케르만의 작업에 대한 글을 싣게 된 일차적 배경은 글의 저자와 내가 개인적인 애도를 두고 우정을 나누고 있다는 점 때문일 것이다. 나는 이 책의 저자 중 가장 처음 글을 건네준 분의 글을 읽고 나서, 그분과 누군지 모를 이의 장례식에 함께 있는 꿈을 꾸기도 했다. 어쩌면 꿈은 단지 꿈일지도 모른다. 그렇지만 꿈에서 깬 뒤, 실제로는 아직 한 번 밖에 만난 적 없는 분과 누군지 모를 이의 장례식에 함께하는 것이 내게 어떤 의미인지 생각한다. 그 꿈에서 작별 인사를 나눈, 난생처음 만난 그 망자는 내 삶에 단 한 번도 실존하지 않은 이였을까? 그는 누구였을까? 아직 그가 누구인지도 기억해 내지 못한 채, 하룻밤 꿈을 함께한 둘에게도 나는 생생한 우정을 느낀다. 그들과 내게 우정을 선사한 "우리" 사이를 연 그 틈에서, 나를 찾아온 망자에게 응답해야 할 의무가 있음을 느낀다. 매 순간 죽음이 임박하고 "텔레파시가 우리를 찾아온다."(「Telepathy」, p. 38) 지금 서문을 쓰는 나는 2월 28일에 떠난 이에게는 특히 더 항상 응답하고 싶다.

조영아

애도에 관한 노트

박영진

들어가며

애도에는 그 어원부터 모호한 구석이 있다. 애도를 가리키는 독일어 "trauer"는 사전적으로 다양한 의미를 지닌다. (특히 죽은 사람에 대한) 슬픔, 상복을 입는 기간, 상복 등. 이렇게 애도라는 단어는 정서적, 의례적, 시간적, 문화적 층위에 걸쳐져 있다. 물론 일반적으로는 고인에 대한 슬픔을 가리키는 경우가 제일 흔하다. 프로이트 역시 이 용법에 따라 애도를 하나의 정동으로 사용하기도 했다. 프로이트 국역본(구판)에 "trauer"가 "슬픔"으로 번역된 것도 이런 맥락을 고려한 것이다. 그러나 오늘날 정신분석에서 애도는 고인에 대한 슬픔에만 국한되지 않는다. 애도는 온갖 종류의 상실에 대한 슬픔, 즉 이별, 이혼, 사별을 포함해서 나 자신이나 공동체에게 이상적이었던 가치나 의미의 좌절 및 실패에 대한 슬픔을 총칭한다. 여기서 애도는 구체적인 것과 추상적인 것, 가시적인 것과 비가시적인 것을 넘나든다. 나아가 애도는 고인을 떠나보내는 동시에 내 마음 한구석에 안착시키는 지속적인 과정 및 능동적 행위를 가리킨다. 애도는 외상적으로 "당한" 것에 그치지 않고 힘들게 "해내야 하는" 과업이다. 여기서 애도는 상태와 과정, 반응과 행위를 넘나든다. 그렇다면 "애도를 표합니다"라고 말할 때 우리는 과연 무슨 말을 하고 있는 것일까? 프로이트, 클라인, 라캉, 바르트, 컨버그와 더불어 애도에 관해 간략히 살펴보고자 한다.

프로이트

「애도와 멜랑콜리」(1917)에서 프로이트는 애도와 멜랑콜리에 대한 명확한 구분을 제시했다. 프로이트에게 애도와 멜랑콜리는 둘 다 상실과 연관된다는 공통점이 있지만, 멜랑콜리는 고통스러운 낙심, 외부 세계에 대한 관심의 중단, 사랑하는 능력의 상실, 모든 행동의 억제, 처벌에 대한 망상적 기대에 이를 정도의 과도한 자기 비난이라는 특징을 지닌다. 나아가 프로이트는 애도와 멜랑콜리에 관해 인상적인 공식을 제안했다. "애도에서 우리는 '누구'를 상실한지 알고 있지만, '무엇'을 상실한지는 알지 못한다." 이로부터 애도는 상실에 대한 의식적 반응이며, 멜랑콜리는 상실에 대한 무의식적 반응이라는 점이 도출된다. 또 "애도에서는 세상이 공허해지지만, 멜랑콜리에서는 자아가 공허해진다." 이로부터 멜랑콜리는 단순히 대상에 관한 상실이 아니라 자아에 관한 상실이라는 점이 도출된다. 그런데 사실상 프로이트의 논의는 임상적 맥락에서 멜랑콜리에 접근하기 위해 애도를 비교 대상 및 징검다리로 활용하고 있다. 요컨대 「애도와 멜랑콜리」에서 프로이트의 초점은 애도가 아니었다. 그러나 애도와 멜랑콜리에 대한 프로이트의 구분이 느슨해지면서 애도 역시 재조명될 가능성이 열린다. 본래 프로이트는 멜랑콜리를 동일시 기제에 따라 설명했다. 특히 멜랑콜리 특유의 자기 비난("나는 무가치하고 없어져야 마땅하다")을 자아가 상실된 대상과 동일시한 후에 자아 이상이 자아를 비판하는 과정에서 형성된 것으로 분석했다. 그러나 1920년대에 이르러 동일시는 멜랑콜리 특유의 기제가 아니라 모든 인간의 성격 형성에 결정적인 기제로 확장된다. 우리 모두는 누군가나 무언가를 잃어버리는 데에 그치지 않고 그 잃어버린 누군가 혹은 무엇이 되기에 이른다. 우리는 지난 상실들을 먹고 자라는 존재다. 그리고 여기서 애도와 멜랑콜리의 선은 흐려진다. 실제로 프로이트 그 자신도 멜랑콜리에 준하는 애도를 수차례 겪은 바 있다. 1920년에 스페인 인플루엔자로 다섯 번째 딸 소피Sophie를 잃었을 때 그는 "극복할 수 없는 나르시시즘적 모욕"[1]을 당했다. 나르시시즘 모욕이 자아가 입은 타격인 한에서, 극복 불가한 나르시시즘적 모욕이란 "자아가 빈곤해진 멜랑콜리"와 유사해 보인다. 그리고 1923년에는 자신이 총애했던 네 살배기 손자 하이날레Heinerle를 잃고 이렇게 썼다. "지금껏 그런 슬픔을 경험하지 못했습니다. (…) 저는 순전히 의무감에서 일하고 있습니다. 모든 게 의미를 잃었습니다."² 2년 뒤 마리 보나파르트Marie Bonaparte에게 보낸 편지에서 그는 더 이상 아무도 사랑할 수 없다고 썼다. 일체의 의미 상실과 사랑할 수 있는 능력의 상실, 이보다 더 멜랑콜리에 가까운 애도가 있을까? 마침내 1929년 루트비히 빈스방거 Lubwig Binswanger에게 보낸 편지에서 프로이트는 이렇게 썼다.

> 우리는 상실 이후에 우리가 느끼는 날카로운 슬픔이 사라질 것을 알고 있지만, 또한 그 슬픔이 결코 달래질 수 없으며 상실의 대체물을 결코 찾을 수 없을 것임을 알고 있습니다. 그 빈자리를 무엇이 메우든지 간에, 심지어 빈자리가 완전히 메워진다 하더라도 무언가 다른 것이 남게 됩니다. 그리고 사실 그건 그렇게 되어야 마땅합니다. 왜냐하면 그것이 우리가 단념하고 싶지 않은 우리의 사랑을 영원한 것으로 만드는 유일한 길이기 때문입니다.³

클라인

「애도 및 애도가 조울 상태와 맺는 관계」(1940)에서 멜라니 클라인Melanie Klein은 대상관계이론의 관점에서 애도를 다룬다. 클라인은 모든 애도가 우리가 유년 시절에 겪은 "우울적 자리"에 비견될 수 있다고 지적한다. 여기서 우울적 자리란 아이가 어머니의 젖가슴처럼 자신이 사랑하는 좋은 대상을 자신의 파괴적 충동과 환상 때문에 공격한 것에 대한 후회와 죄책감, 나아가 그 대상을 영원히 잃어버릴 것에 대한 불안과 염려로 특징지어진다. 그러므로 클라인에 따르면 애도자는 사랑하는 사람의 현실적인 상실만 겪는 것이 아니다. 그는 자신의 내적인 좋은 대상을 잃어버렸다는 무의식적 환상 때문에 고통받는다. 그는 자신의 내면에 박해하고 파괴하는 나쁜 대상만 남은 것처럼 느낀다. 이러한 관점을 제기하면서 클라인은 프로이트를 넘어선다. 애도는 단순히 애도자가 근래에 상실한 사람을 동일시를 통해 내면화하는 것이 아니다. 애도자는 유년기에 자기 자아의 성장을 도와주었던 내면화된 좋은 대상들을 복구시켜야 하는 과업도 떠맡게 된다. 애도에서 하나의 상실은 그 이전의 모든 상실과 공명한다. 어떤 대상의 상실은 기존에 우리 내면에 있던 좋은 대상마저 한꺼번에 휩쓸어 버리는 위력이 있다. 이런 점에서 모든 애도자는 내적 혼돈 상태에 빠진 아이와 같고, 역으로 모든 아이는 깊은 상심에 빠진 애도자와 같다.

임상적인 맥락에서 클라인은 정상적인 애도와 조울 상태가 동반된 병리적 애도의 공통점과 차이점에 대해 지적한다. 모든 애도에서는 유년기의 우울적 자리가 재활성되기 때문에 정상적 애도와 병리적 애도가 따로 있는 것이 아니다.

그럼에도 불구하고 둘 사이에는 추정 가능한 차이점도 있다. 병리적 애도에서 애도자는 유년기에 나쁜 내적 대상에 대한 불안과 공포를 누그러뜨리고 좋은 내적 대상에 대한 사랑과 신뢰를 통해 안전한 대상관계와 평화로운 내면세계를 구축하는 데에 실패했을 것이다. 그는 우울적 자리를 통과하지 못했기 때문에 우울증, 조울증, 편집증을 겪고 있을지도 모른다. 반대로 정상적 애도에서 애도자는 현재의 상실로 인해 되살아난 우울적 자리를 재차 극복하고 통과하기에 이른다. 그는 최근에 상실한 대상뿐만 아니라 최초의 좋은 대상도 복구하는 데에 성공할 것이다.

라캉

라캉은 자신의 메타심리학적 범주, 즉 상상계, 상징계, 실재를 통해 애도를 다룬다. 우선 애도자는 상실한 대상의 상상적인 측면(애도자의 사랑, 증오, 질투, 이상화, 공격성이 투입되어 있는, 그 대상의 특수한 이미지)을 상징적인 틀이나 실천(의례, 추모, 기념비, 말과 글을 통한 전승, 분석에서의 말하기)에 기입하고 등록한다. 프로이트의 말을 원용하자면, 날카로운 슬픔을 딛고 그 대상의 결여를 표상 가능한 것으로 전환시켜야 한다. 그렇지만 끝내 애도자는 상징계와 실재의 간극에 마주하게 된다. 그는 현존/부재(결여)의 논리와 구멍의 논리가 결코 일치될 수 없음을 경험한다. 그는 대체 가능성을 보장하는 시스템과 대체 불가능성을 유발하는 외상의 차이에 노출된다. 즉, 그 어떤 상징적 틀이나 실천도 실재 안의 구멍을 메울 수는 없다. 재차 프로이트의 말을 원용하자면, 애도자는 메우는 작업을 지속해 나가는 동시에 결코 메워질 수 없는 무언가가 하나의 구멍으로 보존되어야 함을 배우게 된다.

프로이트와 비교해 보면, 라캉은 프로이트의 입장과 다른 입장을 제시하는 한편, 애도와 멜랑콜리에 대한 프로이트적 구분을 재확립한다. 우선 프로이트에게 애도가 대상과의 분리에 도달하는 과정이었던 반면, 라캉에게 애도는 대상과의 유대를 보존하는 방식이었다. 애도자는 자신의 나르시시즘적 외피로 덧씌워진 대상, 즉 i(a)와의 유대를 보존한다. 대상 그 자체가 아니라 상상적인 옷을 입힌 대상과의 관계를 보존하는 것이다. 따라서 애도에는 그 깊은 슬픔에도 불구하고 어딘가 아름다움의 아우라가 남아 있다. 대조적으로 멜랑콜리에서 주체는 일체의 상상적 아름다움이 제거된 대상, 불안을 유발하고 외상을 상기시키는 대상, 육체의 불온함과 문명의 불편함을 간직한 대상과 동일시한다. 이로부터 멜랑콜리증자의 자기 비난 및 자살 충동이 유래한다.

임상적으로 라캉은 애도를 정신병 메커니즘인 "폐제 forclusion"의 반대편에 놓는다. 여기서 폐제란 상징계에 일관성을 부여하는 핵심 기표 "아버지의 이름/아니오"가 부재함에 따라 상징계에 구멍이 생긴 상태를 가리킨다. 그리고 이 구멍 주변에서 이제 상징계 안에서 안정적인 의미를 부여받은 기표 연쇄가 아니라 "실재 안의 기표"가 환각의 형식으로 무의미를 유발하면서 정신병자에게 출몰한다. 요컨대 폐제는 주체의 구성에 있어서 반드시 있어야 할 무언가가 없어진 상태라 할 수 있다. 그렇다면 애도는 무언가가 없어진 자리에 완전히 딱 들어맞지는 않는다 하더라도 다른 무언가를 채워 넣는 것을 가리킬 것이다. 여기서 햄릿의 경우를 생각해 보자. 햄릿에게는 아버지의 빈자리를 삼촌으로 채워 넣는 것이 불가능했다. 나이가 햄릿의 어머니가 그토록 서둘러서 재혼을 한 것도 단순히 그녀의 욕망이 아니라 애도에 대한 그녀의 무능력에 기인하지 않을까? 그래서 햄릿의 비극은 욕망의 비극 너머에서 애도의 비극이다.

끝으로 라캉은 애도의 관건은 상실된 대상이 아니라 애도자 자신임을 강조한다. 즉, 애도자는 대상을 잃어버린 것이 아니라 대상에 의해 사랑받고 욕망되는 자신의 모습을 잃어버렸다. 여기서 재차 애도의 상상적 측면이 부각된다. 좀 더 확장하자면, 애도자의 관심은 대상이 아니라 철저히 대상과 함께했던 자신의 이미지에 집중되어 있다. 이러한 관점은 애도자가 타인을 "위해" 슬퍼하고 있는 이타주의자라는 통속적인 관념을 전복시키고 애도라는 실천이 갖는 윤리적 한계를 보여 주는 한편, 대상을 상실한 상황에서조차 그 대상이 나를 원하는지 아닌지에 골몰하는 인간 특유의 아이러니를 조명한다.

바르트

비록 애도가 정신분석 실천의 핵심을 차지하기는 하지만, 결코 정신분석에 의해 포괄되는 것은 아니다. 애도는 정신분석 안팎을 횡단하면서 정신분석의 가능성과 한계를 동시에 보여 준다. 그리고 어떤 애도는 결코 정신분석에 의해 환원되지도, 길들여지지도 않고, 오히려 정신분석을 초과한다. 가령 롤랑 바르트Roland Barthes가 어머니를 잃고 쓴 『애도일기』를 보자. 바르트에 따르면 정신분석적 애도에서 우리는 시간이 흘러감에 따라 마음이 풀리고, 고통이 사라지고, 모종의 화해에 도달한다. 그러나 그의 슬픔은 줄어들지도, 정화되지도, 사라지지도 않는다. 그의 슬픔은 시간을 잊었다. 나아가 그는 슬픔의 일반화를 용납할 수 없다. 일반적이고 통속화된 애도란 슬픔을 횡령하고 강탈하는 것이다. 그보다 내 고유의 슬픔을 귀한 보물처럼 간직하는 법을 배워야 한다. 그래서 그는 제안한다. 애도에 대해 말하지 말자고, 그건 너무 정신분석적이라고. 요컨대 그는 애도하지 않는다en deuil. 그는 슬퍼하는 것이다du chagrin. 어머니의 사진을 다루는 『카메라 루시다』에서도 바르트의 탈-정신분석적 방식은 이어진다. 그는 의도적으로 고통을 감내하고 슬픔을 유지하고 상실에 머무르면서 애도에 회의적인 태도를 취한다. 그는 시간의 흐름과 애도의 과정 바깥에서 어머니의 부재가 남긴 구멍과 함께하기를 원한다. 그는 쓴다. "사람들은 애도가 그 점차적인 작업에 의해 천천히 고통을 지워 준다고 한다. 나는 이 점을 믿을 수 없었고, 현재도 믿을 수 없다. 왜냐하면 시간은 그저 상실감을 제거하기 때문이다(나는 울지 않는다). 그밖에 모든 것은 아무런 움직임 없이 그대로 남아 있다."[4]

컨버그

정신분석가 오토 컨버그Otto Kenberg는 「애도 과정에 대한 몇몇 관찰」(2010)에서 사별한 반려자와 관련하여 어떠한 임상적 우울증이나 성격장애를 보이지 않으면서도 장기간 지속되는 애도자들과의 인터뷰를 보고한다. 그리고 프로이트적 관점과 대상관계이론적 관점을 통합시켜 다음과 같은 결론을 도출한다. 애도에서는 한편으로 상실된 대상과의 무의식적 동일시가 일어나고, 다른 한편으로 상실된 인물과의 내적 대상관계가 항구적으로 존속된다. 이것은 애도가 상실된 대상과의 동일시에서 종결되는 것이 아니라 상실된 대상과의 관계를 내면에서 끝없이 확립해 나가는 과정임을 뜻한다. 아울러 정상적 애도와 병리적 애도에 대한 구분 너머에서 상실된 대상에 대한 죄책감 역시 지속됨을 뜻한다. 나아가 컨버그는 자신의 전문 영역인 성격장애와 애도의 관계에 대해서도 지적한다. 경계선 성격장애에서 애도는 상실된 대상이 자신을 버린 것에 대한 강렬한 분노와 원한을 동반하는 양상을 보이고, 자기애성 성격장애에서는 대상 상실에 책임이 있는 사람들에 대한 편집증적 반응이 우세해지는 한편, 고통스러운 애도 자체가 부재한 양상을 보인다. 그러나 무엇보다 컨버그의 논의에서 인상적인 점은, 그가 보고하는 애도자들의 다양한 애도 방식들이다. 바르트가 잘 보여 주듯, 정신분석은 애도를 일반화할 수 없다. 정신분석의 길은 내담자의 독특한 애도 방식에 동행하는 데에 있을 뿐이다. 그러므로 컨버그가 인용하고 있는 애도자들의 저마다 다른 상황과 느낌, 말과 행동을 제시하면서 결론을 대신하고자 한다.

종교적인 믿음이 강한 어떤 애도자는 고인의 영혼이 어딘가에 있음을 확신한다. 믿음이 강한 또 다른 애도자는 고인과 다시 만날 것임을 확신한다. 갑작스러운 심장마비로 남편을 잃은 한 애도자는 자신이 그에게 너무 지나친 요구를 하지는 않았는지 염려한다. 40년 간의 행복한 결혼 생활 끝에 아내를 잃은 한 애도자는 아내가 이루지 못한 계획, 소원, 욕망을 계속 곱씹는다. 자신이 일상생활에서 좀 더 독립적이길 바란 남편을 잃은 한 애도자는 자신의 수동성을 극복하고 자신에 대한 남편의 기대를 성취한 데에서 자부심을 느낀다. 한 애도자는 남편을 잃은 뒤에 그가 종사했던 영역에서 전문가가 되었다. 30년 전에 아내를 잃은 한 애도자는 자녀들과의 관계에서 중요한 결정을 할 때마다 아내와 마음속으로 상의한다. 한 애도자는 아내의 사망 후 한 달 내내 아내가 자신을 부드럽게 어루만지는 것을 느꼈다. 한 애도자는 고인이 된 남편이 자신이 쓴 편지를 읽을 수 있을 거라는 확신을 갖고 그에게 편지를 쓴다. 한 애도자는 아내가 생전에 연구했던 한 표현주의 화가의 그림을 볼 때마다 슬픔에 잠긴다. 한 애도자는 자신이 죽으면 자신이 죽은 남편에 대해 알고 있는 모든 것이 사라질까 봐 염려한다….[5]

1 지그문트 프로이트·산도르 페렌치(Sigmund Freud and Sándor Ferenczi), 『프로이트와 페렌치의 서신(The Correspondence of Sigmund Freud and Sandor Ferenczi)』, Vol. 3: 1920-1933, 에른스트 팔제더·에바 브라반트 편(ed. Ernst Falzeder and Eva Brabant), 피터 호퍼 역(trans. Peter T. Hoffer), Cambridge, MA: Harvard University Press, 2000, p. 7.

2 프로이트, 『지그문트 프로이트의 편지(Letters of Sigmund Freud)』, 에른스트 프로이트 편(ed. Ernst L. Freud), 타니아 스타인·제임스 스타인 역(trans. Tania and James Stein), New York: Basic, 1960, p. 344.

3 프로이트·루트비히 빈스방거, 『프로이트-빈스방거의 서신(The Sigmund Freud-Ludwig Binswanger Correspondence)』, 1908-1938, 게르하르트 피히트너 편(ed. Gerhard Fichtner), 아놀드 포머랜스 역(trans. Arnold J. Pomerans), New York: Other Press, 2003, p. 196.

4 롤랑 바르트, 『카메라 루시다: 사진에 대한 노트(Camera Lucida: Reflections on Photography)』, 리처드 하워드 역(trans. Richard Howard), New York: Hill, 1981, p. 75.

5 오토 컨버그, 「애도 과정에 대한 몇몇 관찰(Some Observations on the Process of Mourning)」, 『정신분석 국제 저널(International Journal of Psychoanalysis)』, 2010, 91: 601-619.

끝나지 않는(태어나지 않은) 그

조영아

> "나는 어느 쪽이라 할 수 없는
> (죽은 자도 산 자도 아닌) 사이에 있는 것."
> 앤 카슨, 『안티고닉』

불가능한 이별

나는 누군가와 헤어지는 일을 아주 어려워하는 사람이며, 사랑하는 이의 죽음 앞에서는 더더욱 그렇다. 기독교적인 믿음이 있는 사람들은 사랑하는 이의 죽음을 두고, 그것이 영원한 이별이 아니라 찰나의 이별이라 확신하기도 한다. 그렇지만 나는 그 찰나의 이별도 막막하게만 느껴지기에, 떠난 이를 볼 수 없는 이곳에서 그와 함께하는 법을 배워야 했다. 그렇게 삶에서 처음으로 맞이한 상실의 충격 속에서 우연히 프로이트가 창시한 학문인 정신분석을 알게 되었다. 누군가 사라져 삶의 불가능한 지점과 맞닥뜨렸을 때, 정신분석은 그곳을 마주 볼 수 있게 하는 용기와 힘을 주었다. 상실로 인해 기존의 환상에 포함되지 못한 틈이 생긴 곳에서 떠난 이와 나의 시간은 새로이 구축되어야 했다. 또한 떠난 이뿐만 아니라 나라는 존재의 위상도 변화하고 있다고 느꼈다. 때문에 나는 누군가 또는 무언가 사라진 간극을 주시하는 정신분석이라는 학문에 이끌리게 되었다.

어긋난 시간의 틈새

내가 마주한 간극에 대해 설명하기 위해 먼저 앤 카슨Anne Carson의 『안티고닉Antigo nick』을 언급하고자 한다. 『안티고닉』은 캐나다의 고전학자이자 시인이며 번역가인 카슨이 소포클레스의 비극 『안티고네』를 번역, 각색한 작품이다. 제목인 『안티고닉』에 명시되어 있는 '닉'은 원작 『안티고네』에는 등장하지 않으며, 카슨이 새롭게 만든 캐릭터이다. 닉은 극 안에서 단 한번도 말하지 않으며, 인물 소개에도 "말 없는 역할(그는 언제나 무대 위에 있으며, 상황을 재고 있다)"[1]이라 쓰여 있다. 이와 같이 무대 위에 늘 존재하지만 말 없이 그저 상황만 재고 있는 닉은 과연 누구이며 또 무엇을 의미할까?

실제 『안티고닉』의 극 영상에서도, 닉을 연기하는 배우는 아무 말 없이 줄자로 극의 장치들을 재는 등의 행동만 보여 준다.[2] 그럼에도 닉이라는 단어는 몇몇 장면에서 등장하는데, 주로 "nick of time"이라는 구절로 발화된다. 이 "(in the) nick of time"이라는 어구는 통상적으로 "아슬아슬하게, 거의 딱 맞춰서"라는 의미를 지닌다. 그런데 『안티고닉』에서 이 어구는 이런 의미 외에 시간이 어긋나 화를 당할 때에도 발화된다. 이를테면 극 중 에우리디케는 아들 하이몬의 죽음을 마주하고 이렇게 외친다. "때에 딱 맞추다the nick of time라는 표현을 들어 보았나요? 닉이란 게 뭐니, 내가 아들에게 물었습니다, 닉이란 뭐지, 내가 아들에게 물었습니다."[3]

이러한 에우리디케의 물음을 두고 미국의 시인이자 번역가인 앤드류 자와키Andrew Zawacki는 다음과 같이 말한다. "에우리디케가 하이몬에게 간청해야 하는 상황은 아이러니한데, 이유는 하이몬이 갑자기 죽었을 뿐 아니라, 그의 죽음이 그녀가 재차 묻는 닉의 전형적인 예시가 되기 때문이다. 부모가 죽기 전에 자식이 죽는 것은 시간이 어그러지는 일이다."[4] 에우리디케는 '닉'에 대해 물은 후, 아들의 죽음을 견디지 못하고 스스로 목숨을 끊는다. 크레온 역시 그들의 연이은 죽음을 두고 다음과 같이 절규한다. "오 죽음이라는 오물이여. 누가 너를 깨끗이 씻어 낼 수 있겠는가. 오 죽음이라는 웃음이여. 네가 나를 갈라놓는구나. 네가 나를 갈라 열어 놓는구나. 네가 다시 나를 갈라 열어 놓는구나."[5]

이렇게 크레온을 갈라 열어 놓은 것 그리고 에우리디케가 말하는 '닉'은 내가 앞서 말한 그 상실을 맞이했을 때 마주한 간극과 정확히 동일한 것이다. 이것은 어떻게 해도 되돌리거나 다시 주워 담을 수 없는 차원의 틈이라 할 수 있다. 크레온이 위와 같이 절규하기 직전에 외치는 고함처럼("my child/ too soon dead O (…) late to learn O yes I am/ late too late O then O then"⁶) 모든 죽음은 돌이키기에는 너무 늦어 버린 것인 동시에 받아들이기에는 너무 때 이르다. 이렇게 '닉'은 본래의 '딱 맞추어'라는 뜻과는 달리, "영원히 어긋난 만남"⁷으로서 시간적 틈새가 된다. 우리는 이 어긋난 만남 속에서 더 이상 떠난 이의 대답을 들을 수 없다. 급하게 가 버린 이를 두고 때늦은, 그렇게 "계류繫留된 말들은 우리의 삶 속에서 풀어야 할 영원한 수수께끼가 된다."⁸ '닉'과 같이 어긋나 기워 낼 수 없는, 어떤 것으로도 형언할 수 없는 현실들은 애도를 불가능한 것으로 만든다. 아무리 애도해도 풀리지 않고 하염없이 남는 것들이 있다.

(아직) 태어나지 않은

이 간극 또는 틈새에 관한 라캉의 언급을 살펴보자. 라캉은 열한 번째 세미나 두 번째 장에서 다음과 같이 이야기한다.

> [원인이라는 표현이 쓰이는 경우] 거기에는 어떤 구멍이 있고 그 틈새로 무언가가 흔들릴 뿐이지요. 요컨대 뭔가 잘못된(절뚝거리는) 것에만 원인이 있다는 겁니다. 자, 저는 프로이트의 무의식이 위치하는 지점이 바로 여기, 원인과 그것이 영향을 미치는 것 사이에서 항상 무언가 잘못된(절뚝거리는) 것이 존재하는 지점이라는 것을 대략적으로

나마 보여드리고자 합니다. (…) 무의식은 우리에게 간극을 보여 주며 신경증은 바로 이 간극을 통해, 결정될 수 없는 실재에 다시 연결되는 것이기 때문입니다. 이 간극 속에서 무엇인가가 일어납니다. (…) 원인에 특징적인 것이라 할 수 있는 구멍, 틈새, 간극 속에서 그는 무엇을 발견한 것일까요? (…) 그것은 바로 '실현되지 않은 것'의 차원에 속하는 어떤 것입니다. 처음에 무의식은 우리에게 '태어나지 않은 것'의 영역에서 기다리고 있는 어떤 것으로 나타납니다. 억압이 그러한 영역 속에 무엇인가를 쏟아붓는다는 사실은 전혀 놀라운 일이 아닙니다. 이는 낙태 전문 산파와 림보의 관계와 같은 것입니다.[9]

위 인용은 무의식과 실재의 위상을 묘사한다. 이 인용을 통해 우리는 그것들이 '실현되지 않은' 차원에 있음을 알 수 있다. 왜 실현되지 않았을까? 아마도 우리가 언어나 이미지로 그 위상을 포착하지 못하기 때문일 것이다. 우리는 언어화하거나 상상할 수 없는 것들을 실현된 것으로, 다시 말해 존재한다고 인식할 수 없다.

라캉(의 중기 실재 개념)[10]에 따르면, 실재는 실현되는 것이 금지되거나 실현되는 것에 저항하는, 즉 우리가 사는 언어적 세계에서 실현되는 것과 대척되는 위상을 띤다. 이를테면 "아직 상징화되지 않은 것으로서, 상징화될 것으로 남아 있거나 아니면 심지어 상징화를 거부하는 것으로서 가장 잘 이해될 수 있을 것이다."[11] 인간이 타자의 장에서 언어를 습득하며 사회적 존재로 성장할 때, 우리의 몸은 사회적인 법과 규범을 받아들이고 언어를 입는(언어로 우리의 몸을 덮거나 치환하는)데, 라캉은 이 과정을 소외라 부른다. 또 그는 이 과정에서 우리 존재의 부분을 '상실'한다고 전제한다. (신경증자 주체의 경우) 언어, 법, 규범과 같은 상징적 체계에 우리의 몸을 재단하면서, 우리 고유의 몸-존재의 부분을 억압하게 되고 우리는 그것들을 의식적으로 지각하거나 알아차릴 수 없게 된다. 태어나지 못하고 사라졌지만, 림보―미처 세례받지 못한 아이들이 가는 연옥―의 공간에서 실현되지 못한 채 '원인'으로 머물러 있는 이 부분은 앞서 말한 실재의 위상을 띤다. 그리고 무의식은 이 원인과의 틈을 열어, 결정될 수 없는 실재에 우리를 다시 연결시킨다.

다시 『안티고닉』으로 돌아가 보자. 카슨은 『안티고닉』의 서문인 「안티고네를 번역하는 자의 임무」에서 이렇게 말을 뗀다. "친애하는 안티고네여, 그리스어로 당신의 이름은 '탄생에 반하여' 또는 '태어나는 대신에'와 같은 의미를 지닙니다. 태어나는 것 대신 무엇이 있을까요?"[12] 카슨의 이 말은 지금 막 언급한, 아직 태어나지 않은, 전-존재론적인 실재적 원인을 상기시킨다. 카슨은 안티고네에게 보내는 이 편지를 다음과 같이 끝맺는다. "친애하는 안티고네여, 나는 당신이 절규를 잃지 않도록 하는 것to forbid that you should ever lose your screams을 번역가의 임무로 여깁니다."[13]

('태어나는 대신에'라는 이름의) 안티고네가 절규를 잃지 않도록 하는 것을 번역가의 임무로 여긴다는 이 말은, 번역이 불가능한 안티고네의 절규를 페이지에 남겨야 한다는 것을 뜻하는 듯하다. 번역가의 임무는 채 번역할 수 없는 나머지를, 실재의 여분을, 언어화되지 못하는 절규를 독자의 몫으로 남기는 일일 것이다.

라캉은 열한 번째 세미나의 후기에서 "읽히지 않기 위한 글쓰기를 도입한" 제임스 조이스를 언급하면서 "'도입한'이라는 표현보다는 '옮길 수 없게 도입한' (…) 번역되지 않을"[14] 글쓰기를 이야기한다. 또한 "읽히는 것"은 "무의식에 헌정된 것"[15]이라고 지적하면서, "그것이 말하는 바가 읽히지 않는 말이라는 점에 대해"[16] 말한다. 라캉이 말한 이러한 읽히지 않는 말을 들어야 하는 분석가(와 분석자)의 여정은 카슨이 말한 번역가의 번역 과정과 상응한다. 상기한 「안티고네를 번역하는 자의 임무」에 인용된 베케트의 편지에도 이와 유사한 이야기가 담겨 있다. "제 언어는 점점 더 그 뒤에 숨겨진 것(또는 무)을 파악하기 위해 찢어져야만 하는 베일처럼 보입니다. (…) 그 뒤에 숨어 있는 무언가가―그것이 무엇이든 아무것도 아니든—스며 나오기 시작할 때까지 언어에 구멍을 하나씩 뚫는 것이지요."[17]

무를 파악하기 위해 찢어져야 하며 그것이 스며 나올 때까지 계속 구멍이 뚫리는 언어, 안티고네의 절규를 잃지 않게 하는 번역, 옮길 수 없는 글쓰기는 불가능한 애도의 언어와 맞닿아 있다. 가 버린 이의 침묵만이 남은 곳에서, 가 버린 이에게 닿기 위해 남아 있는 이는 어떻게 애도할 수 있을까. 아마도 남아 있는 이가 자기 삶에 아직 살아 있는 망자의 실재를 실현시킬 때, 애도의 언어가 출현하지는 않을까 소망해 본다. 어쩌면 사라진 망자에게 만에 하나 다다를 수 있는 언어는 (물리적 시간으로는 과거일지언정) 아직 태어날 것으로—도래할 것으로—남아 있는 실재의 기이한 시간성과 마주해 망자를 만나고 오는 언어인 것은 아닐까. 프루스트의 『소돔과 고모라A la recherche du temps perdu: sodome et gomorrhe』 중 「마음의 간헐Les intermittences du coeur」이라는 단장을 살펴보자.

> 나의 온 존재가 송두리째 뒤흔들렸다. (…) 미지의 성스러운 존재로 채워진 듯 가슴이 부풀어 오르면서 오열에 흔들리더니 눈에서 눈물이 주르르 흘러나왔다. 지금 나를 도우러 온, 그리하여 메마른 영혼으로부터 나를 구해 준 존재는 (…) 내가 나라는 것을 전혀 갖지 못했던 순간에, 내 마

음에 들어와서 나를 나 자신에게 되돌려 주었던 바로 그 존재였는데, 왜냐하면 그 존재가 나였고 **동시에 나 이상의 것이었기 때문이다.** (…) **비의지적 기억 속에서 그 살아 있는 실재를 되찾은** 할머니였다. (…) 기억의 혼란에 마음의 간헐이 맞닿아 (…) 아마도 우리의 정신적 가치를 담고 있는 그릇과도 비슷한 육체의 실존이 (…) 미지의 영역에 있으며, 그중 가장 일상적인 것조차 다른 종류의 기억으로 억압되어 우리의 의식 안에서 그것과의 동시성을 배제한다. 그러나 기쁨과 고통이 보존된 감각의 틀을 다시 포착하게 되면, 그 기쁨이나 고통은 그것과 양립할 수 없는 다른 모든 것들을 차례로 쫓아 버리고 그것들을 체험한 나를 우리 몸 안에 홀로 놓는 힘을 갖게 된다. (…) **내 마음속의 고통을 더 이상 지울 수 없었다. 망자는 우리 마음속에만 존재하므로** (…) **그 고통이 아무리 가혹한 것이라 할지라도, 나는 온 힘을 다해 거기에 매달렸다.** (…) 내가 원치 않았는데도 갑자기 감내하게 된 그런 **고뇌의 독창성을 존중하면서**, 내 마음에서 교차하는 생존과 허무라는 그 기이하고도 모순된 현상이 되살아날 때마다 **고뇌의 고유한 법칙에 따라 계속해서 그것을 감내하고 싶었기 때문이다.**[18]

서두에서 밝혔듯, 사랑하는 이의 죽음은 내 존재를 뒤흔들며 나를 새롭게 태어나게 한다. 상실 후 나는 언어·사회적 의미로 부여되는 정체성이 아닌 위의 "살아 있는 실재를 되찾은 할머니"처럼, 망자가 내게 뚫는 구멍—마치 그가 찾아오는 꿈—으로부터 스며 나오는 존재에 나를 기대기 시작했다. 그러한 구멍을 통해 조금이나마 망자에게 다다를 수 있을 때 비로소 나 자신이 되는 듯하다. 위에서 인용한 프루스트의 구절대로 "나 이상의 것"[19]을 만나 내게 찾아온 고통의 독창성에 매달릴 때, 나는 그와 맞닿을 수 있을 것만 같다. 때문에 사라진 그를 형상화하지는 못할지언정, 베케트의 말처럼 언젠가 그가 스며 나오게 될 때까지 파열破裂하는 언어로 그를 애도하는 것만이, 그와 내가 함께할 수 있는 틈을 열어 나를 나이게 한다.

결여와 욕망이 자리 잡는 간극

라캉이 설명하는 애도는 상기한 실재 개념과 연결되어 있는 동시에, 그의 또 다른 개념인 욕망과도 밀접한 관계를 맺고 있다. 그의 여섯 번째 세미나인 『욕망과 그것의 대상』 중 햄릿에 관한 부분에서 라캉은 다음과 같이 말한다.

> 레어티즈는 무덤 속으로 뛰어들어 이제는 없어짐으로써 그의 욕망의 원인이 된 대상, 즉 현실세계의 어느 것에도 상응할 수 없게 됨으로써 더욱더 절대적인 위치를 차지하

게 된 대상을 껴안습니다. 인간의 모든 경험에서 참을 수 없는 면은 자신이 직접 경험하지 못하는 자신의 죽음이 아니라 다른 사람의 죽음입니다. 죽음으로부터 생겨나고 주체에게 애도를 요청하는 틈새 혹은 구멍은 어디에 생길까요? 그것은 바로 실재계에 생깁니다. (…) 죽음에 의해 생겨난 실재계 속의 구멍 역시 기표를 작동시킵니다. 이 구멍은 없어진 기표가 투사될 수 있는 자리로서 작용하고 이것이 타자의 구조에서 필수적인 요소가 됩니다. (…) 죽은 사람에 대한 추모의 의무는 의식을 통해 이루어집니다. 의식이라는 것이 천국에서 지옥까지 모든 것에 간섭하고자 하는 상징계의 전체적인 활동이 아니라면 도대체 무엇이겠습니까? 기표의 총체성에 의해서만 실재계에 난 구멍이 메워질 수 있습니다. (…) 애도의 작용은 무엇보다 의미화 요소들이 존재 속에 생겨난 구멍에 대처하지 못함으로써 발생되는 혼란을 막기 위해 수행됩니다.[20]

위 인용에서 먼저 라캉이 의식Rituel에 대해 언급한 부분을 살펴보자. 현실세계에서 더 이상 기워 내는 것이 불가능한 실재적 구멍이 이러한 "기표의 총체성"에 의해서만 메워질 수 있다는 말은 의식과 같이, 결여를 다룰 수 있는 상징체계가 언어로 의미화할 수 없는 구멍을 대신 메꿔 준다는 뜻이다. 이러한 상징체계의 도움으로 우리는 상실로 인해 찢어진, 벌어진 상처를 감당할 수 있게 된다.

또한 "이제는 없어짐으로써 그의 욕망의 원인이 된 대상"이라는 말에서 상실 또는 결여와 욕망의 관계를 파악할 수 있는데, 인용된 문장 그대로 우리는 우리 앞에 '없는' 것을 욕망한다. 앞서 실재의 개념에 관해 언급할 때, 언어의 세계에 진입하는 과정에서 아이는 몸-존재를 잃는다고 했다. 라캉에 따르면 아이가 언어를 경험할 때 맞이하는 또 다른 계기가 있다. 바로 언어 저편에 그 '이상'의 것이 있음을 경험하는 것이다. 이 계기를 통해 아이는 언어적 타자로 인해 소외되는, 언어·상징적으로 거세될 수밖에 없는 자신의 운명을 회복할 수 있게 되는데, 라캉은 이 과정을 분리라 부른다. 라캉은 아이가 "타자의 담화의 간격을 경험하면서 다음과 같이 분명히 자리매김될 수 있는 질문을 던지게"[21] 된다고 말한다. "그는 내게 이렇게 말했지. 그런데 그가 그런 말로써 내게 원하는 것은 뭘까?"[22] 아이는 엄마의 말에서 "(시니피앙들을 절단하는[갈라놓는] 이 간격, 그러면서도 시니피앙의 구조 자체에 속하는) 이 간격"[23]을 발견하며 엄마의 욕망에 대해 질문하게 되고, 엄마 역시 지니고 있는 결여[24]를 발견한다. 이 지점에서 아이는 자신의 존재를 타자에게 전부 빼앗기지 않은 채, 언어로 인한 상실을 극복하면서 스스로의 존재를 지킬 수 있게 된다.

이 지점은 라캉의 또 다른 개념인 대상 a의 장소로, 대상

*a*는 언어적 타자(A)에 포획되지 않는 존재의 일부이기에 실재의 위상을 띤다. 우리는 이 의미적 체계에 모두 포획되지 않는, 메울 수 없는 결여의 장소로 인해 언어적 세계에서 도리어 자신의 의미 및 욕망을 부여할 수 있게 된다. 이 결여 또는 간극이 "의미의 맹아"[25]가 되는 것이다. 또 이 결여의 장소에서 타자의 욕망을 현재화하며 동시에 자신의 욕망을 구성할 수 있다는 점에서, 라캉은 이 대상 *a*를 욕망의 원인 대상이라 부른다.

물론 이 대상 *a*는 대체 가능한 일반적인 대상을 가리키지 않는다. 우리는 이별 후, 그 빈자리를 쉽게 다른 대상으로 대체하지만, 진정으로 소중한 사람과의 이별 앞에서는 다른 대상을 욕망하기 어려워진다. 이 빈자리에 수차례 오고 가는 대상들은—이 대상 *a*가 추출되었기에—대체 가능한 일반적 대상이라 할 수 있지만, 욕망의 원인 대상인 대상 *a*는 앞서 인용한 햄릿에 관한 세미나에서 라캉이 말하듯, 현실세계의 어떤 것으로도 환원될 수 없는 절대적 위치의 대상이다. 즉 대상 *a*는 간극의 상실된 대상이기에 우리의 욕망을 부추기며 끊임없이 욕망을 지속 또는 지연시킨다.

그런데 실제 상실과 애도의 순간에 이러한 간극, 결여의 지점이 사라지며 욕망의 원인이 붕괴되는 이들 또한 존재한다. 정신분석가 제이미슨 웹스터Jamieson Webster와 퍼트리샤

게로비치Patricia Gherovici는 롤랑 바르트가 『애도일기』에서 어머니의 죽음에 대해 "그녀의 죽음은 나를 바꾸어 버렸다. 내가 욕망하던 것을 나는 더 이상 욕망하지 않는다"[26]라고 쓴 것을 두고 이렇게 지적한다. "바르트는 어머니의 상실을 사랑하는 대상의 상실이 아니라 욕망 그 자체의 상실로 묘사한다. 어머니를 애도할 수 없었던 그는 어머니가 떠난 자리에 새로운 욕망이 자리 잡는 것을 허용할 수 없었다. (…) 멜랑콜리는 애도뿐만 아니라 욕망 그리고 욕망을 지속시키는 결여를 거부한다. [이와 다르게] 라캉은 애도를 단순히 상실된 대상과 동일시하는 것이 아니라 결여와의 관계에서 설명한다."[27]

두 분석가가 언급한 대로, 라캉의 애도는 '결여를 받아들이는' 과정과 밀접하게 연관되어 있다. 하지만 바르트에게 결여는 더 이상 살아 있는 세계나 타자와의 관계 속에 있지 않은 것처럼 보인다. 오로지 그의 어머니만이 이 비어 있어야 하는 자리에 달라붙어 있는 듯하다. 이처럼 실제 상실의 순간에, 가 버린 대상과 분리되지 않은 채 사랑하는 이가 사라진 실재적 구멍으로 뛰어드는 사람들이 있다. 바르트 역시 어머니가 사망한 뒤, 2년 4개월이 될 무렵 불의의 교통사고를 당했다. 물론 주체가 대상 a와 관계 맺는 양상을 세밀하게 분석해야만 개별 주체적 상실의 고유하고 상세한 임상을 도출할 수 있을 것이다. 적어도 우리는 라캉 그리고 바르트를 통해 주체가 결여와 맺는 관계position에 따라 애도를 다루는 방식이 상이하다는 사실을 알 수 있겠다.

"그는 끝나지 않는다"

실재나 욕망 같은 라캉의 기초 개념과 함께, 아이가 언어적 타자를 만나 거세되는 소외 그리고 타자 역시 지니고 있는 결여로 하여금 그 소외를 회복하게 되는 분리에 대해 언급했다. 이 중 분리라는 두 번째 계기를 통해, 우리는 언어에 전부 소외되지 않은 채 떨어져 나오는, 의미화할 수 없는non-articulable 존재의 여지를 볼 수 있다. 그 덕분에 어떠한 언어적 타자나 정체성과도 다른, 고유한 존재의 몫을 지닌 주체가 탄생한다. 아무리 해도 애도가 끝나지 않는 지점이 생기는 것처럼, 우리는 각자 현실화할 수 없는 실재의 여분을 지니고 있다. 라캉은 열여섯 번째 세미나에서 마르크스의 '잉여가치' 개념을 함께 말하면서 이 여분을 '잉여 주이상스'라는 용어로 설명한다.

    나는 최근 사랑하는 형제를 잃었다. 나는 내 형제가 삶의 절반 이상을 마르크스의 잉여가치―자본주의의 가치형태 전환에서 생겨나는 간극―에 골몰했던 사람이라 생각한다.

또한 내 형제와 나 모두 "우리에게 중요한 것은 이 [간극에서의] 상실"[28]이라 생각한다. 때문에 다소 억지일지언정, 잉여가치와 잉여 주이상스라는 용어에서 그가 내게 '남긴' 것을 떠올리곤 한다. 아직 그의 온기가 남아 있을 재와 같은 것들을. 그리고 나는 그의 나머지를 내 품에 끌어안는 꿈을 반복한다.

안티고네의 말처럼 "남편이나 자식은 새로 얻을 수 있지만 형제는 다시 자라나지 않으니"[29] 내 형제를 잃은 슬픔은 어쩌면 그의 존재처럼 대체할 수 없는 "나의 재보"[30]이다. 나의 슬픔과 고통은 누구의 것과도 같지 않다. 그럼에도 나는 형제를 잃은 다른 이들과 함께하고 싶기에, 카슨의 『녹스 Nox』 일부를 인용하며 글을 마치려 한다.

나는 카툴루스의 시(101)에 대해 설명하고 싶다. 카툴루스는 시 101을 트로아스에서 죽은 그의 형제를 위해 썼다. 형제에 관해 죽음 외에는 알려진 것이 아무것도 없다. 카툴루스는 무덤 앞에 서기 위해 베로나에서 소아시아까지 여행한 것 같다. 아마도 그는 그곳에서 비가를 읊었을 것이다. 나는 이 시를 고등학교 시절 라틴어 수업에서 처음 읽었을 때부터 사랑했으며 여러 번 번역하려 해보았다. 영어로는 무엇으로도 로마 비가의 정념 가득한 완만한 표면을 그러잡을 수 없다. 아무도 카툴루스 특유의 낭송법을 완벽하게 구현할 수 없는데, 마치 바람 속에, 은빛, 잎사귀들을 한껏 뒤집는, 그러한 나무들의 일종인 양, 슬픔의 궁극에서 그것은 심오한 축제성의 기색을 내보인다. 나는 내가 하고 싶었던 대로의 시 101 번역에 결코 도달하지 못했다. 그럼에도 그렇게 작업한 세월 너머, 나는 번역이란 전등 스위치를 찾으려 더듬거리는, 아주 모르는 방은 아닌, 하나의 방과 같다고 생각하기에 이르렀다. 나는 이 일이 **결코 끝나지 않을 것이라 짐작한다. 형제는 결코 끝나지 않는다. 나는 그를 배회한다. 그는 끝나지 않는다.**[31]

1 앤 카슨, 『안티고닉』, New York: New Directions, 2012, p. 7.

2 https://www.youtube.com/watch?v=BEfJKjOg3ZU&t=649s 참조.

3 앤 카슨, 『안티고닉』, p. 40.

4 조슈아 마리 윌킨슨 외(Joshua Marie Wilkinson), 『앤 카슨: 황홀한 리라 (Anne Carson: Ecstatic Lyre)』, Michigan: University of Michigan Press, 2015, p. 156.

5 앤 카슨, 『안티고닉』, p. 43.

6 같은 책, p. 42.

7 자크 라캉, 『세미나 11』, 맹정현·이수련 역, 서울: 새물결, 95쪽.

8 맹정현, 『트라우마 이후의 삶』, 서울: 책담(한솔수북), 60쪽.

9 자크 라캉, 『세미나 11』, 40-41쪽.

10 실재를 포함한 라캉의 개념들은 시대적 상황과 실제 분석 임상에 따라 지속적으로 변한다. 이 글에서는 세미나 11권의 실재 개념을 기준으로 참조해 서술했으므로, 중기라고 표현했다.

11 브루스 핑크, 『라캉의 주체』, 이성민 역, 서울: 도서출판b, 63쪽.

12 앤 카슨, 『안티고닉』, p. 3.

13 같은 책, p. 6.

14 자크 라캉, 『세미나 11』, 421쪽.

15 같은 책, 420쪽.

16 같은 책, 422쪽.

17 사뮈엘 베케트, 『사뮈엘 베케트의 편지들: 1권, 1929-1940(The Letters of Samuel Beckett: Volume 1, 1929-1940)』, Cambridge University Press: Cambridge, p. 518.

18 마르셀 프루스트, 『잃어버린 시간을 찾아서7(소돔과 고모라1)』, 김희영 역, 서울: 민음사, 278-285쪽. 번역 부분 수정.

19 라캉 또한 대상 a와 관련해 유사한 표현을 쓰기도 했는데, 이를테면 『세미나 11』 마지막 장의 제목은 "네 안의, 너 이상의 것을"이다.

20 자크 라캉, 『욕망 이론』, 민승기·이미선·권택영 역, 서울: 문예출판사, 177-179쪽.

21 자크 라캉, 『세미나 11』, 324쪽.

22 같은 곳.

23 같은 곳.

24 엄마의 결여를 마주할 때 그 결여에 자신을 동일시하는 자는 정신증자로, 상징적 거세를 받아들여 결여를 지니게 된 이는 신경증자로 구분된다.

25 가라타니 고진, 『마르크스 그 가능성의 중심』, 김경원 역, 서울: 이산, 138쪽.

26 롤랑 바르트, 『애도일기』, 김진영 역, 서울: 이순(웅진씽크빅), 28쪽.

27 데릭 훅·스테인 밴휼 외(Derek Hook and Stijn Vanheule), 『라캉의 우울과 멜랑콜리아(Lacan on Depression and Melancholia)』, Routledge: Oxfordshire, p. 165.

28 자크 라캉, 『세미나 16(D'un Autre à l'autre)』, Paris: Seiul, p. 9. 라캉은 주체가 시니피앙으로 표상될 때 잃는 존재의 부분에 집중하는데 이 인용에 따르면 마르크스의 잉여가치 역시 이 손실, 상실의 부분을 가리키고 있다.

29 앤 카슨, 『안티고닉』, p. 31.

30 롤랑 바르트, 『애도일기』, 173쪽.

31 앤 카슨, 『녹스』, 윤경희 역, 서울: 봄날의책, 2022, 7.1.

파괴적인 대상에 매혹되기

서지형

상실로부터의 도피

누군가 내게 상징계의 법칙을 가장 잘 보여 주는 영화 속 장면을 꼽으라고 한다면《인터스텔라》중 블랙홀 앞에서의 이별 장면이라고 대답할 것이다. 작중 쿠퍼가 자신이 타고 있던 탐사선을 모선인 인듀어런스호에서 분리시키고 블랙홀로 향하는 바로 그 장면 말이다. 영화라는 장르의 특성상 극적으로 표현되긴 했지만, 이 장면은 인생이 언제나 선택의 결과물이라는 사실을 함축적으로 보여 준다. 선택이란 거꾸로 말하면, 어떤 가치에 따라 무엇을 포기하는 일이기도 하며, 이 포기는 교환이란 말과 같다. 그리고 우리가 매 순간 선택의 기로에 놓이게 되는 이유는 우리 삶이 태생적으로 결함 속에 놓여 있기 때문이다. 결함이 없는 무한한 삶이라면 당연히 아무것도 포기할 필요가 없을 것이다.

"끝까지 함께하기로 약속했잖아요."
"90%만 솔직하기로 했죠."

"끝까지 함께함"이라는 이 말은 다른 생명체를 이식할 새로운 별로, 전문가인 브랜든을 보낼 수 있을 때에만 의미를 갖는다. 쿠퍼는 거짓말하지 않았다. 말의 외형은 사람에 따라 얼마든지 다른 경로의 의미를 획득하고, 그에 따라 예상치 못한 다른 삶, 다른 결과를 불러온다. 그러나 어떤 선택을 하고 어떤 결과를 맞이하든 상징계의 교환법칙을 피해 갈 수는 없다.

유한성을 지닌 인간이 삶을 유지하기 위한 최선의 선택 법칙은 쾌락의 원리 그 자체다. 모든 살아 있는 것들은 삶을 위한 것을 택한다. 내게 효용을 주는 것은 즐겁고 고통을 주는 것은 괴롭다. 괴로운 것은 버리고 즐거운 것을 택한다. 그리고 상실을 맛보는 것만큼 괴로운 것은 없다. 특히나 주체에게 자아에 준하는 수준으로 결합한 대상과의 이별은 무의식 깊이 죽음의 공포로 각인된다. 이때 죽음의 공포는 절망이라는 평범한 말로 설명되지 않는 차원의 상실이다. 그런데 문제는 이 고통이 반복강박의 경로를 택한다는 것이다. 주체는 잃어버린 대상이 준 고통의 순간을 천천히 재현한다. 그 상황에서 고통을 반복하며 절망하는 자기 자신을 본다. 이는 쾌락의 충동을 거스르는, 즉 삶을 거스르는 추동이다. 본체의 생존을 위해 불가피한 분리 배출을 거부하고, 잃어버린 것, 즉 나머지를 위해 본체가 죽음의 위협도 불사하는 것, 이것이야말로 애도를 불가능하게 만드는 것이다. 애도는 분명 상징계의 소산이다. 교환을 위해 포기되었던 것, 희생되었던 것에 대한 의미화 작업이다. 이는 희생된 존재를 완전히 자아 속에서 죽은 것으로 인식하는 일이다. 그 상실된 대상이 현실에 마치 생생하게 존재하는 것처럼 행동하는 것이 아니라 차가운 문자로, 기념물로, 예술품으로 전환되도록 존재의 아주 일부만 남기는 것이다. 또한 결합되어 있던 대상을 떼어 내어 외부화하여, 대상으로서 바라보는 것이다. 하지만 사랑했던 대상을 외부화하는 것은 매우 불만족스러운 일이다. 생생한 표정과 목소리의 떨림, 따뜻한 온기 이 모든 것을 담기에 기념물은 턱없이 부족하다. 이 모든 것을 포기하고서라도 실재로의 기억을 떠올리게 하는 작은 복제물, 작은 기호만을 남겨 두는 것. 그것이 바로 애도의 과정이다.

그러나 우울한 멜랑콜리 주체는 존재를 결코 작은 기호만으로 남겨 두길 원치 않는다. 내투사되었던 자아의 일부는 완벽한 만족을 준다고 착각하게 만드는 내적 거울이었기에, 이것을 현실의 사물로 외부화한다는 것은 불가능에 가깝다. 현실원칙을 거스르고서라도 죽은 자아의 일부를 내보내지 않는 것이다. 삶이 아니라 거꾸로 죽음을 추동하는 것. 그것을 프로이트는 죽음 충동이라고 불렀다.

블랑쇼 문학의 '실재' 문제

'실재'는 우리의 비루한 언어와 인식이 미처 대상화하지 못한 잔여물, 우리의 인식망에 잡히지 않는 거대한 불안으로 남아 있는 위협적인 것이다. 실재의 개념에 관해서는 늘 의견이 분분한데, 실재는 우리의 인지능력과 착각을 벗어나는 그것 자체라 할 수 있다. 어떻게 보면 진리나 진실의 문제와 연결되어 있다. 블랑쇼에게서 실재의 문제는—그의 비평서뿐만 아니라 레시Récit나 소설 텍스트까지 다 살펴본 사람이라면—다소 혼란스럽게 다루어진다는 것을 금방 알 수 있다.

블랑쇼 글쓰기에서의 '실재'는 빈 중심으로서 시니피앙이 실패하는 곳을 의미한다. 언어는 사물들의 실재를 정확하게 반영하기보다는 오히려 사물들을 부재로 돌아가게 만든다. 주체와 사물, 즉 주체와 현상 사이에는 공백으로 남아 있는, 미결정적인 것이 존재하기 때문이다. 예를 들어, 『문학의 공간L'Éspace littéraire』에서 블랑쇼는 단어들은 사물을 사라지게 하는 힘을 가지고 있다고 언급한다. 블랑쇼는 이미 자신의 저작 여러 곳에서 사물을 지시하는 기표와 지시 대상이 일치할 수 없으며, 오히려 기표들이 사물을 사라지게 만들고 억압하는 것이라 말해 왔다. 사물들이 단어들에 의해 사라지는 것은 단어가 효율성을 위해 사물의 많은 특성들을 잘라 내 버리는 것과도 같다. 예를 들어, 내가 '이 여자'라고 말하려면 나는 그 여자로부터 생생한 현실을 없애고 그 여자를 부재하게 만들며 무화시키는 과정을 거쳐야 한다. 단어는 나에게 존재를 주지만, 존재가 없는 존재를 준다. 단어는 존재의 부재이며 존재의 무인데, 그 점이 단어가 존재를 상실했을 때 남게 되는 것이다. 다시 말해 존재하지 않는다는 유일한 사실이 그것이다.[1] 블랑쇼는 부재로 남은 이것을 드러내게 하는 것이 진정한 언어와 문학의 본질이라 생각했다. 그래서 오히려 독서가 거부되고 결렬되는 지점에 진정한 독서가 열린다고 말한다. 독서와 글쓰기, 문학이 열리는 지점은 시니피앙이 실패하는 빈틈으로 열리는 바깥을 의미한다. 우리의 언어는 이 바깥의 언어를 표상하기 위해 노력한다. 도저히 언표될 수 없지만, 그것이 사물과 인간의 말로 표현되지 않는 본모습이기에, 그 구멍 뚫린 빈틈을 중심으로 앞선 언어가 표현하지 못했던 인간과 사물의 다른 모습을 드러내기 위해 계속해서 글을 쓰게 된다. 거꾸로 보면, 구멍 뚫린 이 빈틈은 작가도 모르게 드러난 작품 속 글쓰기의 핵심적인 공간이기도 하다.

무를 추구한 대가: 나쁜 대상과의 동거

세이렌의 노래는 주체가 죽음의 고통을 대가로 지불한다 할지라도 듣게 되는 실재계의 덫, 즉 희열의 현현이다. 즉 잃어버린 충동들의 대상들은 상징계의 빈틈을 뚫고 난입하여 주체에게 균열을 일으키며 한없이 매혹되게 만드는 실재계의 것이다. 기표의 '살해'는 현실원칙에 의해 최초의 충동들을 상징적으로 거세하는 것이다. 목소리는 안과 밖의 경계 없는 대상의 현현을 대신하며, 상징적 거세로 설명된 현실원칙을 따르지 않는 희열의 근원적인 형태로 되돌아온 자아 외적인 것이다.[2] 이들은 현실을 위태롭게 만드는 낯선 현실이며, 현실로 구성될 수 없는 여분으로서의 무의식적 충동이라 할 수 있다.

블랑쇼의 비평이 아니라 문학작품은, 이 여분으로서의 실재를 포기하지 않는 문학이다. 아이러니하게도 블랑쇼가 비평서에서 말했던 '죽음'이나 '공동의 관계', '우리' 등의 개념들은 문학작품에서 모두 육체적 속성, 밀착성을 통해 설명되며, 타자의 존재에 대한 낯섦과 공포 또한 모두 육체성을 통해 드러난다. 그러나 소설에서 블랑쇼가 구현한 바는 이 공포의 대상들을 밀어내거나 회피하지 않고 기꺼이 받아들이며 공포의 덫에 내맡겨지기를 바란다는 점이다.

블랑쇼 문학작품 속에 나타나는 기괴한 표상들은 실재로부터 호명된 착란과 타자성이 실행된 결과물이다. 이러한 무의식적 환상은 작품 여러 곳에서 서사를 방해하고, 소설의 독서조차 방해하는 기괴한 이미지로 등장한다. 때로는 분신의 이미지로, 때로는 자신의 존재를 다시 흡수해 버릴 것만 같은 전능함을 지닌 여성의 이미지로 등장하는 이 무의식적 환상은 공포의 대상에 결합되고자 하는 욕망을 드러낸다.

블랑쇼의 두 번째 소설이자, 첫 환상 장편소설인 『아미나다브Aminadab』에서 주인공 토마는 낯선 집에 들어서자마자 어디선가 나타난 돔이란 이름의 환상적인 존재에 묶여 버린다. 돔은 좁은 공간에서 토마에게 수갑을 채우고 밀착한다. 어디서건 떨어지지 않아, 잠을 잘 때조차도 그의 체취와 숨까지 나누어 마셔야 하는 상황이지만 토마는 돔에게서 멀어지기는커녕 그 몸을 부둥켜안으며 불편과 고통이 가져다 주는 희열에 자기 자신을 내맡긴다. 그를 따라다니는 이 돔이라는 토마의 분신은 존재의 과잉을 의미한다. 하지만 돔처럼 안의 질서 바깥으로 방출되어 있으나 분명, 우리 존재를 구성하는 과정에서 떼어 놓았던 존재 없는 존재를 블랑쇼는 다시 호명해 놓는다. 분신의 호명은 현실에 의해 왜곡된 흔적을 남기는 작업과 같다.

한편, 『알 수 없는 자 토마Thomas, l'obscure』에서는 독서를 통한 유희의 쾌감과 공포가 존재의 소멸을 이끄는 대상으로 나타난다. 주인공은 나 자신의 존재를 소멸시키는 한이 있더라도 이 위협적인 공포 밖으로 벗어나려 하지 않는다.

토마는 책을 읽으려고 자기 방에 머물렀다. (…) 그가 하나 하나의 문자 옆에 다가가자, 암사마귀가 수컷을 먹어 치우려 할 때의 상황에 처했다. 치명적인 힘을 지닌 책에서 발신된 단어들은 자신들을 쳐다보는 시선에 부드럽고도 평화로운 매혹을 가져다주었다. (…) 토마는 자신을 바라보고 있는 문자의 시선 속에서 즐겁게 보였다. 그의 기쁨은 너무나도 커져서 너무나도 무자비해질 정도여서 일종의 공포감까지 느껴질 정도였다. (…) 책의 단어들은 그를 점령하고 그를 읽기 시작했다. 그는 단어의 관념적인 손에 붙잡혀서 수액으로 가득 찬 이빨에 깨물렸다. 그는 살아 있는 자신의 육체와 함께 말들의 이름 없는 형태 속으로 들어갔다.[3]

글쓰기의 실재를 인정한다는 말은 주체가 가질 수 있는 모든 주도권을 내려놓는다는 것을 의미한다. 문자는 마음대로 조정하고 통제할 수 있을지언정 그 문자가 가리키는 빈 중심 앞에서 주체는 완벽하게 무화된다. '나'의 존재가 사라지는 순간은 말들에 의해 살육당하는 순간이다. 순간 자아의 지고권souveraineté은 추락하고 이름 없는 형태 안으로 스며들어 간다. 여기에서 블랑쇼의 환상성에 주목하게 된다. 블랑쇼는 왜 '나'라는 존재가 말들에 의해 압도당하는 순간을 잡아먹으려 달려드는 수액 가득한 암사마귀의 표상으로 나타낸 것일까? 그 과정은 살을 깨물리는 것 같은 가학적인 고통을 통해서 이루어지기 때문이다. 언어에 사로잡히는 공포의 경험은 분명히 구순적인 흡입의 공포, 목이 잘리는 공포의 경험을 동반한다. 수액으로 가득한 이빨에 뜯길 듯한 두려움이 만들어 낸 장면은 명백히 유혹 장면에 해당한다. 공포를 주는 대상을 밀어내고 싸워서 자아의 방어막을 공고히 하는 것이 아니라 오히려 그 공포를 주는 대상에 사로잡히고자 하는 욕망, 주체가 소멸을 지향하는 욕망이 드러난다. 삶을 위협하는 찌꺼기 같은 대상을 밀어내고 생으로 도피하는 것이 아니라 이 위협적인 대상을 떠나보내지 못하고 이 대상과 함몰하는 것, 이것이 바로 블랑쇼가 끈질기게 붙들고자 하는 실재의 표상들이다.

블랑쇼의 환상성을 구현하는 실재의 요소들은 오이디푸스적이라기보다는 어머니의 몸에 밀착되어 있었던 상태를 환기하는 원초적 형태의 환상성에 가깝다. 즉, 태곳적 환상의 바탕을 구성하는 최초 형태의 흡입 환상의 이미지들이다. 물리고 뜯기고 잡아먹힐 것만 같은 환상은 읽기의 쾌락과 두려움을 동시에 수반하는 것으로, 결여 없는 최초 대상의 전능한 환상, 살기 위해 삭감해야 했으나 삭감하지 못한 불안의 원천이다. 즉 원래대로라면 박탈되었을 원초적 환상에 대한 애도의 실패이자, 출구 없는 공포 속에 갇히기를 바라는 욕망이다. 이러한 욕망은 블랑쇼의 작품에서 특히 여성 인물들을 통해 잘 구현이 되는데,『아미나다브』에서의 뤼시는 블랑쇼가 소설 속에서 그려 낸 전제적이고 지배적이며 전능한 여성 인물의 원형이기도 하다.

갑자기 그녀는 몸을 숙여 그의 얼굴 위로 덮치며 마치 샘물을 두세 모금만으로 다 핥아 마셔 버리려는 어린 짐승처럼 입으로 가볍게 스쳤다. 그런 다음 여인은 한쪽 손으로 목덜미를 꽉 잡고는 그를 미친 듯이 껴안았다. 그녀의 손은 작은 편이었는데도 무척 힘이 세어서, 마치 바이스처럼 그의 머리를 죄었다. 토마는 생각했다. '물론 이 일은 조금도 유쾌하진 않지만 웬만큼 불쾌한 감을 느끼더라도 결말을 내는 편이 좋겠다.' 이렇게 생각하자 용기가 솟아나서, 그녀가 거짓말의 원천을 말려 버리려는 듯, 그의 입술을 난폭하게 깨물기 시작했을 때도 자진하여 그녀를 끌어안고, 지금 일어나고 있는 일에 완전히 동의하고 있음을 나타내려고 했다. 그에게 있어서는 무한정 계속되는 것처럼 느껴지는 시간이었다. 생명을 구하기 위해서가 아니라, 이 생명에 결말을 내기 위해서 절망적으로 싸우는 격이다. (…) 때때로 두 사람은 멈추어 얼굴을 일그러뜨리고 마주 보았다. 그러고는 다시 바닥을 뒹굴었다. 때론 의자에 혹은 책상에 부딪치면서 알 수 없는 말에 불과한 신음소리를 내며 서로 잡아당겼다 떠밀었다 하면서 두 사람 다 자아를 잃고 그들이 다다르고자 한 비천한 징벌 한가운데를 배회하면서 빛의 희망은 조금도 지니지 못한 채 점점 더 짙어지는 어둠 속에서 서로를 보듬을 손도, 몸도 없는 고통스러운 변형과 함께 불행과 절망의 세계 속으로 끌려 들어갔다.[4]

뤼시는 토마를 압사하듯이 껴안는다. 그녀의 손은 작지만 토마를 죄어 놓는다. 가두고 압사할 뿐만 아니라 그의 입술을 난폭하게 물어뜯는다. 말하는 기관의 '원천'은 마치 그를 집어삼키려는 뤼시에 의해 흡수될 것만 같은 인상을 준다. 뤼시는 마치 징벌자처럼 정합성을 이룰 수 없는 기관을 앗아가려 하고 있다. 이러한 이미지들의 중첩은 말하는 기관인 입에 대한 원죄 의식의 발로로 보인다. 입으로 발설되는 거짓말에 대한 토마의 죄책감은 뤼시의 난폭함을 징벌로 받아들이고, 이에 그가 수동적으로 응하게 만드는 이유이기도 하다. 토마에게 관계를 만드는 행위는 생명을 건 사투다. 이 장면에서는 성애적인 것과 폭력적인 것, 죽음이 구분되지 않는다. 오히려 이 요소들은 전도된다. 뤼시와의 몸싸움은 본문에 나타난 것처럼 '생명을 구하기 위해서가 아니라 생명에 결말을 내기 위해' 싸우는 것이다. 성충동의 실현은 생명의 위협과 불안이 가중되는 모순적이고도 역설적인 상황으로 이어진다. 성적 행위에 대한 공포가 그토록 강하게 드러나는 밑바탕에는 '수치스러움을 동반할 죄의식'이 깔려 있다.

그 수치스러움은 행위를 통한 희열보다는 육체의 참혹한 변형을 불러오고 불행과 절망으로 귀결된다. 뤼시라는 타자의 벽을 부수고 합일의 욕망을 채우는 순간은 어둠 속에서 길을 잃고 손과 몸이 잘리고 변형되어 불행의 세계로 이끌리는 과정이다. 여기서 토마의 의식은 지독한 수동성을 표현하고 있다.

주체를 내어 맡기는 것, 타자를 온전히 받아들이는 것, 그리고 상징계가 방출해 버렸던 쾌락의 일부를 포기하지 못하고 끌어안는 것은 블랑쇼 문학 전반에서 나쁜 대상과의 동거라는 총체적인 드라마를 만들어 낸다. 블랑쇼의 문학에서는 이 나쁜 대상들과의 분리를 통해 주체와 자아의 경계가 강화되기보다는 오히려 나쁜 대상들에 지배당하는 세계가 구현된다. 현실의 욕망과는 반대 방향을 추동하는 죽음 충동 앞에서 주체는 마비된 채 우울이라는 병이 지배하는 세계의 문턱을 넘는다. 이는 삶의 모든 동력을 거부하는 완벽한 퇴행으로의 길을 의미한다.

> 나는 내가 미끄러져 소용돌이 속으로 떨어지는 걸 느꼈다. 나는 움직일 수 없는 상태로 흙 같은, 거의 차가운 침에 덮였으며 침은 흘러내려 내 콧속으로 입으로 들어가는가 하면 나를 가득 채우며 숨을 막았다. 이미 나는 질식하고 있었다. 바로 그 순간 침은 물러갔다. 다음 순간 그것은 다시

흐르기 시작하면서 나를 적시고 내 속을 후비고 들어왔으니, 나는 그 침과 함께 숨을 쉬었고 마치 나를 느끼듯 그것을 느끼고 있었다. 이어 다시 그것이 물러갔다. 동시에 그 소리가 바로 내 앞에서 흘러 유출되는 모래의 단속적인 소리, 혹은 극도로 느려지는 헐떡임 같은 것이, 마치 누군가가 내 코앞에 숨어 호흡하면서 숨을 자제하고 있기라도 하듯, 그러니까 바로 내 앞에서 다시 들리기 시작했다. (…) 나는 고함을 질러댔고, 다른 세상 속에서 소리치고 있다는 기분으로 내 옷을 갈기갈기 찢었다.[5]

블랑쇼의 두 번째 장편소설인 『하느님 Le très-haut』의 결말로 가는 서사는 블랑쇼 작품의 이력에서 중요한 기점으로 주목할 수 있다. 이 작품에서는 앙리 소르주라는 평범한 공무원이 그를 둘러싼 사회와 인간관계, 제도의 부조리를 온몸으로 겪으며 원인을 알 수 없는 병을 앓던 중 페스트가 온 도시로 퍼지는 일이 발생한다. 시내 곳곳에서는 시위와 방화가 일어나고 그에 따른 국가의 대응책으로 도시의 봉쇄가 실행되나 혼돈은 멈추어지지 않는다. 이 혼돈 속에서 소르주는 끊임없이 법이란 무엇인지, 법은 어디에 있는지를 묻는다. 법은 그것을 위반하면 위반할수록 그 모습을 드러낸다. 무질서와 무관심은 법의 테두리를 벗어나기 위한 방법이 되지 않는다. 보이지 않는 법은 자잘한 통제와 시행령을 통해 삶을 제약한다. 하지만 진정한 법의 의미, 법의 전체 모습은 삶에 드러난 파편적인 모습만으로는 설명되지 않는다. 반면, 질병과 병이 일으킨 무질서는 법적 한계를 드러내고 법을 무력화하기까지 한다. 호적계 공무원이었던 소르주는 원인을 알 수 없는 병을 호소하다가 진짜 페스트에 걸림으로써 완전한 세계의 바깥에 존재하게 된다. 그는 법의 일부이자 법의 집행자였으나, 자신이 살고 있던 도시가 폐쇄되기 직전 최고 지도자인 양아버지의 탈출 제안을 거부한다. 그리고 홀로 도시에 남아 환자가 되어 완전한 병의 세계에 압도당하고 착란과 실제 세계 사이의 경계에서 천천히 함몰된다. 병에 걸린 그에게 일상 곳곳에 도사리던 법은 더 이상 존재하지 않는다. 일상에서 종종 등장하던 환영적인 작은 얼룩은 점점 커지더니 마침내는 소르주 자신이 법과 사회, 사람들을 가두는 벽과 벽을 넘는 얼룩 그 자체의 존재가 된다. 습기와 부식되어 가는 흙 속에 갇히는 경험은 블랑쇼 작품 여러 곳에서 등장하는 이미지인데, 이는 마치 땅 깊숙한 곳에 산 채로 매장되는 죽음 체험을 연상케 한다. 점액으로 채워지는 완벽한 유사 죽음의 순간에는 아무런 소리도 들리지 않는다. 진흙으로 뒤덮인 압사의 순간에는 모든 언어와 모든 법적 경계가 무화된다.

우리의 최초의 순간이 모태의 양수에 빈틈없이 결합되었던 순간에 있듯이, 소르주의 병은 그를 삶의 모습이 입혀

지기 이전의 진공상태로 되돌려 버리는 듯하다. 마치 작가는 결여 없는 영원한 합일의 순간을 죽음 체험 안에서 찾은 듯하다. 그러므로 블랑쇼라는 작가 개인적인 신화 속에서, 삶은 삶의 유용성과 만족을 위해 구성되는 것이 아니라 삶에서 밀려나고 배제되어야 했던 것과 동반자가 되는 것이다. 즉 삶 속에서 죽어 가는 과정의 비루함과 비천함, 역겨움을 놓지 않는 것이다. 블랑쇼가 그려낸 문학 덕분에, 우리는 삶이 언제나 바깥으로 겉도는 것이고, 죽음은 오히려 삶의 연약함과 위태로움을 드러내며 삶 자체를 점령하고 부식시킨다는 역설을 알게 된다.

1 모리스 블랑쇼(Maurice Blanchot), 『카프카에서 카프카로(De Kafka à kafka)』, Paris: Gallimard, 1982, p. 30.

2 폴로랑 아순(Paul-laurent Assoun), 『시선과 목소리(Le regard et la voix)』, Paris: Anthrops, 2001, pp. 77-79.

3 모리스 블랑쇼, 『알 수 없는 자 토마(Thomas l'obscur)』 (nouvelle version), Paris: Éditions Gallimard, 1950, pp. 27-29.

4 모리스 블랑쇼, 『아미나다브(Aminadab)』, Paris: Gallimard, 1942, p. 241.

5 모리스 블랑쇼, 『지극히 높은 자(Le Très-Haut)』, Paris: Éditions Gallimard, 1948, renouvelé en 1975, p. 233.

마지막으로 말할 사람

박영옥

세계가 떠났다. 이제 내가 너를 짊어져야 한다*Die Welt ist fort, ich muss dich tragen.*[1] 1970년 4월 19일과 20일 사이 시인 파울 첼란이 센강에 몸을 던져 (그의 시신은 5월 1일 센강 하구에서 발견되었다) 사라진 이듬해, 블랑쇼는 한 잡지에 그를 위한 길지 않은 글 하나를 썼다. 「마지막으로 말할 사람Le dernier à parler」.[2] 그 제목은 시인의 시구에서 따온 것이기도 하다. *말해, 너도,/ 말해 마지막으로 말할 사람,/ 너의 말을 말해/Sprich auch du,/ sprich als letzter,/ sag deinen Spruch.* 마치 여기에서 "마지막 말"[3]을 블랑쇼 자신이 아니라 시인 자신에게 맡겨야 하는 것처럼, 그럼에도 불구하고, 그 대신이 아니라, 그의 빈자리에서―"말해, 너도, 비록 네가 마지막으로 말할 사람이라고 할지라도"(V, 103)―말을 해야 하는 것처럼, 비록 그 빈자리에서조차 "죽은 자를 대신해서, 그것이 '위한'이라는 말이 가진 모든 의미에서, 그것이 죽은 자를 위한 것이든 그를 기리는 것이든지 간에, 말할 어떤 권리가 없음"[4]에도 불구하고 말이다.

> 아마도 죽는 모든 것은, 심지어 대낮에, 인간에게 접근해서 인간에게 죽어 감의 비밀에 대해 묻는다. (…) 이미 나는 멀리서 더 이상 나의 동반자를 부를 권리가 없다는 것을 느낀다. 그가 내 목소리를 여전히 들을까? 현재 그는 어디에 있는가? 어쩌면 아주 가까이? 어쩌면 내 손 아래? 내

손이 천천히 밀어내고 다시 한번 뿌리치는 게 그인가? 그를 뿌리치지 마. 그를 밀어내지 마. 반대로 그를 잡아당겨. 네 쪽으로 인도해. 그에게 길을 내줘. 그를 불러. 천천히 부드럽게 그의 이름을 불러. 그의 이름을? 그러나 나는 그럴 권리가 없다. 그리고 지금 이 순간 나는 그것을 할 수 없을 것이다. 너는 할 수 없다고? 지금 이 순간에? 그러나 **유일한 순간이다. 급박하게 필요하다. 너는 그에게 모든 것을 다 말하지 않았다. 본질적인 결핍. 보충해야 한다. "그것은 해야 한다! 지금, 당장!"**[5]

당위와 금지 사이에서, 급박한 요구 속에서, 죽은 시인을 기리는 이 글은 겉으로 보기에 전적으로 첼란의 시에 대한 해석처럼 보인다. 그러나 책을 읽다 보면 블랑쇼는 번역도 해석도 아닌 아주 이상한 읽기와 배치를 보여 준다. 전적으로 번역도 아니고 전적으로 해석도 아닌, 그 둘 다이면서 이 둘 다가 아닌 **어떤 것**을 향해 가는 듯이 보인다. 블랑쇼는 첼란의 시들을 불러오면서 그 시의 출처도 제목도 명시하지 않는다. 때로는 여러 시에서 따온 시구들을 연결해 마치 하나의 시인 것처럼 한 페이지를 할애하기도 한다. 번역하면서 해석하면서 블랑쇼는 점점 번역을 그저 읽기의 장소 그 자체로 만든다. 어떤 시구들은 번역하지도 않은 채 그대로 내버려두면서, 어떤 시구들은 해석 안에 소리 없이 끼워 넣기도 한다.

책의 배치에 의하면 왼쪽 페이지는 첼란의 시들로, 오른쪽은 블랑쇼의 번역과 해석으로 채워진다. 그러나 이것도 페이지가 넘어가면서 곧 두 목소리는 서로 얽히기 시작한다. 다만 문장들 안에서 두 목소리는 이탤릭체와 정체로 구분될 뿐이다. 일종의 **타자를 동반하는, 타자를 짊어지는 한 방식처럼** 말이다. 첼란이 「자오선」[6]에서 행한 읽기의 걸음처럼, 블랑쇼의 읽기는 마치 겉으로는 인용한 것을 자신의 것으로 하는 것처럼 보이지만, 결국 텍스트의 권위에 자신의 목소리를 빼앗기는 것처럼 나타난다. "이방인이 있었던 장소, 아무도 아닌 자가 나를 찾을 수 있었던 그 장소—이방인의 이방성에 의해 표시된 나."[7] 이 타자의 법에 대한 복종은 시인의 시의 운동을 지시할 뿐만 아니라, 블랑쇼에게는 타자가 도래할 수 있도록 자기를, 모든 것을 지우는 글쓰기의 방식이기도 하다. 또한 우정에 필요한 거리, 맒을 지시하기도 한다. 이런 읽기의 제스처는 말해야 하고 말하지 말아야 하는 애도의 이중의 의무—"말하는 것이 불가능하다. 그러나 침묵하는 것 또한 불가능하다"[8]—, 애도의 이중의 불가능성으로부터 나올 것이다. 그런 읽기는 "조용하지 않은, 불안한, 염려하는, 떨리는 손으로 휘청거리며 하는 해석, 해석과 전적으로 다른 것"[9]이 될 것이다. 다만 무한히 읽고 무한히 해석하는 것을 제외하고는 아무것도 할 것이 없는… 아마도 여기에 **부서지**

*고 무너진 그러나 전적으로 연결된 손들erschüttert-verknoteten Händen*을 묶고 있는 끈, "줌le don과 죽음―죽음과 우정―을 비밀스럽게 연결하는 것"[10]이 있을 것이다. "우리가 난파에서 구하지 못한"[11] 앞서 잃어버린 동반자, 나를 동반하지 않는 동반자, 아무도 그 증인을 위해 증언하지 않을 때, 이 **우리**는 누구인가?

> 플라톤은 **실제로 죽음에 대해서는 아무도 아는 바가 없다**고, 파울 첼란은 **아무도 증인을 위해 증언하지 않는다**고 말한다. 그럼에도 불구하고, 항상 우리는 동반자를 선택한다. 그러나 우리를 위해서가 아니라 우리 안에, 우리 바깥에 무언가를 위해서. 그것은 우리가 도달하지 못할 선을 넘기 위해 우리의 결핍nous manquions à nous-mêmes을 필요로 한다. 앞서 잃어버린 동반자, 이제 우리의 자리에 있는 상실 그 자체. 어디에서 그를 위해 증언해 줄 증인이 없는 그 증인을 찾을까?[12]

우리가 앞서 잃어버린 동반자, 우리가 재난에서 구하지 못한 동반자, "이 자기에서의 결핍ce manque à soi-même, 마치 '세계의 결핍le monde manquait'[13]의 그 결핍처럼 (따라서 모든 것의 결핍처럼 우리는 말하자면 세계 없이 존재한다), 쇠퇴를 모르는 이 결핍, 부족이 없는 이 결핍, 부정성 없는 이 결핍."[14]

나를 동반하지 않는 자, 앞서 잃어버린 동반자, 우리 안에 상실로 남은 이 이름 없는 타자성은 "우리를 존재들과 사물들 한가운데에 버려둔다nous manquions à nous-mêmes."[15] 앞서 잃어버린 동반자, 이 결핍, 이 죽음, "그에 대한 기억에 의해서만 의의가 있는 이 현재"[16], 이제 화자인―첼란에 이어서 블랑쇼와 데리다―내가 너를 짊어져야 한다. *Die Welt ist fort, ich muss dich tragen*. 데리다는 『숫양들』에서 첼란의 이 시구를 따로 떼어 번역 없이 홀로 인용한다. 그리고 묻는다. "세계가 갔다. 이미 세계는 멀리 갔다. 세계를 잃었다. 세계는 눈에서 사라졌다. 세계가 떠났다. 영원히 안녕 세계. 세계가 죽었다. 등등…. 그런데 어떤 세계? 세계는 무엇인가? 이 세계는 무엇인가? 이 시 전체에서 **나**는 누구인가? 또 **그**와 **너**는 누구인가?"[17] 우선 세계의 멀어짐 속에서, 데리다는 더 이상 "너"를 부를 수 없는 지금, 이 순간 첼란 "너"에게 말하고 싶다고 간절히 소망한다. "마치 우리가 애도를 품는 것trägt/porte처럼, 동시에 우리가 임신에서 출산까지 뱃속에 아이를 품는 것처럼 '나'는 '너'에게 말하고 싶다. 이 잉태에서 이 시는 바로 '너'이고 나는 너에게, 또한 모든 이에게 말을 건다."[18] 여기에도 저기에도 세계가 더 이상 존재하지 않을 때, 무한히 접근 불가능할 때, 지금 "나는 너를, 너 하나만을, 너만toi seul을 내 안에 품거나 혹은 나 홀로moi seul 너를 짊어져야 한다." 하나는 항상 다른 하나에 앞서서 가야 한다.[19] 이제 "나 홀로 너를 책임져야 한다. 나는 너와 함께, 다만 너와 함께 혼자다. 우리는 혼자다."[20] 이 결핍, 이 고독은 또한 아무도 이 증인을 위해 증언하지 않을 때, 그 기억을 유지해야 하는 시인 첼란의 시의 동반자이기도 했다. 그리고 그가 시를 썼던 그 언어는 바로 "그 언어를 통해 죽음이, 대답 없는 사건이 그 위에, 그의 가족들 위에, 수백만 명의 유대인과 비유대인들 위에 도래"(V, 101)한 언어이기도 했다.

> … 죽음,
> 독일에서 온 주인
> … *der Tod ist ein*
> *Meister aus Deutschland*

1958년 브레멘에서 있었던 문학상 시상식 연설에서 첼란은 이 죽음들을 가져온 이 언어로 시를 쓰는 것을 포기하지 않을 수 있었던 가능성에 대해 암시한다. *"상실될 뻔한 모든 것 한가운데에서 유일하게 남아 있던 것—언어. 그 언어는 모든 것에도 불구하고 상실되지 않고 남았습니다. 그러나 그 언어는 대답의 부재들을 지나가야 했습니다. 지독한 침묵을 지나가야 했습니다. 칠흑같이 어두운 죽음의 말들을 지나가야 했*

습니다. 그러나 그 언어는 일어났던 것에 적절한 단어들을 줌이 없이 지나온 것이 아니라, 사건의 그 장소를 통해서 왔습니다. 이 모든 것을 거쳐서 언어는 풍부해져 다시 세상으로 돌아올 수 있었습니다. 다름 아닌 그 언어로 내가 시를 쓰기 시작한 것은 이 시간들이 지나고, 그 이후로도 한참의 시간이 지나고 나서부터였습니다."(V, 101) 시가 어떤 경험에 대한 번역이라면, 경험이란 말이 라틴어 "experiri", 즉 "위험을 건너는 것"[21]을 의미하는 한에서, 다시 말해, "우리의 실존을 바깥에 놓으면서 삶에 구멍을 내고 삶의 상처를 내는 것"[22]일 때, 그의 시는 긴긴 어두운 시간과 장소를 **지나서**, 다른 곳에서 온 목소리들을 **거쳐서**, 백 개의 입으로, 백 개의 언어로 써진 시가 되었다.

> ... 백 개의 입으로 써진
> 나의 것—시, 아무것도 아닌 것
> ... *das hundert-*
> *züngige Mein-*
> *Gedicht, das Genicht.*

죽음을 명령하던 이 언어가 죽은 자들을 **환대**하는 언어가 되기까지 시인은 이중의 침묵에 대답해야 했다. 역사 안에서 부패한 대답 없는 그 언어의 침묵과 동시에 생각조차도 할 수 없는 그러나 실제로 일어난 끔찍한 그 역사 앞에서 *침묵 속으로 숨어든 나*, 시인 자신의 침묵에 대답해야 했다. 이 침묵의 시간을 거쳐서 시인이 언어를 회복했을 때, 그 언어는 이미 **자기파괴**가 일어난 것처럼, 절단되고 부서진 상처투성이의 언어로 돌아왔다. *차마 눈 뜨고 볼 수 없는 우리의 눈에는 이국의 시간의 모래(아니면 얼음?)에 의해 깊은 홈이 파이고, 우리의 눈 옆에 모르는 눈은 돌로 된 눈꺼풀 아래서 말이 없고 차마 말할 수 없는 입은 침묵을 입안 가득 머금고 있을 뿐이다.* 첼란의 시를 지배하는 이 거친 언어들 그러나 "그 거침은 날카로운 어떤 것, 노래가 될 수 없는 아주 높은 고음의 비명과 같은 날카로움도, 폭력적인 말을 생산하는 것도, 타자를 후려치는 것도, 위협적이고 파괴적인 어떤 의도에 의한 것도 아니다. 반대로 마치 타인을 보호하거나, *어둠에 의해 실려 온 기호를 유지하기 위해 자기파괴가 이미 일어난 것처럼* 일어난다."(V, 73)

가려진 눈에서 태어난 이 기호―"의미들과 **다른 것**을 위해 결합된 이 단어들, 다만 **어딘가로 향하는**"(V, 73)―이 언어는 어디로 향하는가? 이 언어는 그의 시집들 중 하나에 "*Sprachgitter*"라는 제목을 주었다. 시인에게 말하기*Sprach*는 이 창살*Gitter*, 이 눈에 파인 홈들, 혹은 눈에 낀 백반白斑 *Schiliere im Augen* 뒤에서 유지되는가? 그것이 아니면, 말하기는 암호를 풀 수 있는 어떤 것이 있을 수도 있다는 희망을 만드는 격자Gitter라고 믿는 것인가? 그래서 "말하기는 여전히 의미나 진리가 자유로울 수 있다는 환상에, 저기, *속이지 않는 흔적을 가진 경치* 안에 갇히는가? 그러나 글쓰기가 일종의 어떤 것 아래에서, 이런저런 것 안에 응축된 어떤 것의 **바깥**에서 읽히듯이—그 어떤 것을 지시하기 위해서가 아니라, *항상 어딘가로 가는 방랑하는 말들의 파랑波浪 속에서 그것이 드러나기 위해서*—이 바깥도 여전히 글쓰기, 연결 없는 글쓰기, 항상 이미 자기 자신 바깥의 글쓰기—*풀, 서로의 바깥에 써진 글쓰기*—처럼 읽히지 않는가?"(V, 75) 그래서 그에게 글쓰기는 "시각을 의미하는 말들의 망Gitter 그 자체 없이 볼 수 있는 가능성에 자신을 맡기면서"(V, 75), 알랭 래네의《밤과 안개》[23] 속에 버려진 아우슈비츠를 덮고 있는 풀들처럼 황량한 페이지 위에서 솟아난다.

풀, 서로의 바깥에 써진 글쓰기
Gras, ausseinandergeschrieben

항상 운동과 더불어 어딘가로, 저 바깥으로 향하는 시선은 그래서 보이는 것 너머를 보는 저 상처 입은 눈들의 **부름**으로 향하는 것처럼 보인다. *세계 안에서 눈먼 눈들, 말들은 눈*

들이 멀 정도로 세계에 잠기고zur Blindheit über—redete Augen, 눈들은 일련의 죽어 감의 균열 속에서im Sterbegeklüft 바라본다. 아니, 차라리 그 균열 속에 자신을 넌다. 그리고 그곳에 좁게 머물지 않기 위해 우리는 공중에 무덤을 판다.

더 이상 읽지 마라—보라!
더 이상 보지 마라—가라!
Lies nicht mehr—schau!
Schau nicht mehr—geh!

가라! 그러나 너의 시간에는 누이가 없다. 이제 어디로 갈 것인가? 목적 없는 운동. 그럼에도 중단되지 않는 운동이 있을 뿐이다. 너는—너는 *거기에* 돌아왔다. 그러나 검은 벌판 위에 아무것도 밝히지 않는 빛줄기만이 있을 뿐이다. 아마도 밤 그러나 밤은 별들을 필요로 하지 않는다. 별 대신에 하늘에 걸려 있는 상처 입은 눈들, 눈들…. 눈이 있는 *거기에*, 네가 있고, 너는 저 위에 있고, 저 아래에도 있고, 나는 바깥으로 돌아선다. "**바깥**, 거기에 존재와 떨어진 눈들이 도달하고, 우리가 고독하고 익명적인 것으로 간주할 수 있는 눈들"(V, 79), 눈들…. "소통의 힘을 상실한"(V, 79) 방황하는 눈들은 그들을 증언해 줄 *지상의 입들을 구걸한다.*

세계가 떠났다. 이제 내가 너를 짊어져야 한다*Die Welt ist fort, ich muss dich tragen*. 다시 한번 새롭게 인용하자. 데리다는 첼란의 시, 「불타오르는 거대한 천공GROSSE, GLÜHENDE WÖLBUNG」의 이 마지막 연을 따로 홀로 인용하면서 "이 연은 아주 오랜 시간 동안 나를 떠나지 않았다"[24]고 고백한다. 또한 "홀로, 다른 모든 연에 앞서서, 의심의 여지없이 폭력적이고 인위적으로 따로 떼어 내서 인용된"[25] 이 시구는 그럼에도 불구하고 "그 끝을 알 수 없는 하얀 침묵에 의해 분리"[26]된 채, 우리에게 "다른 시간에 대한 선고 혹은 판결"[27]을 알려 준다고 말한다. 그런데 이 분리, 이 단절, "그의 작품들을 감싸고 있는 이 하양, 이 침묵"(V, 73), "끝이 없는 것의 끝에 존재하는 이 불모의 하양"(V, 85), 이 **바깥**을 기입하거나 인용하는 것은 가능한가? 이에 대해 블랑쇼는 "아무것도 아닌 것이 지배하는 거기에서조차, 분리가 그의 작품을 만들 때조차, 관계가 중단될 때조차, 관계는 단절되지 않는다"(V, 95)고 말한다. 데리다가 번역 불가능한 관용구라고 부른 이 분리된 경구는 시인이 **재난**에서 구하지 못한 너, 그, 그녀에 대해 그리고 블랑쇼와 데리다가 "우리가 난파에서 구하지 못한, 놀라운, 그"에 대해 **함께** 나눠 가진 비밀일 것이다. 이 수수께끼 같은 "우리"에 대해 블랑쇼는 첼란의 시를 인용하면서 "끌림, 이 추락의 신호, 명령—떨어지자*fallen*—. 그러나 나

는 여기서 혼자가 아니라, 우리로 간다"고, 추락하는 우리 둘은 "현재 안에서, 심지어 떨어지는 것 안에서조차 서로 결합한다"(V, 87)고 말한다. 그리고 이 둘의 추락은 "누구도 잘라낼 수 없는, 여전히 고독이 지탱하는, 항상 정향된, 끌어당기는 관계"(V, 87)를 표시한다고 말한다.

(고통의 두 매듭 사이
저 위보다 더 높은,
바람에 흔들리는
수직의 동아줄 위에
타타르의 하얀 달이 우리에게까지 기어오른다.
나는 너 안에, 너 안에 나를 묻었다.)
(Auf dem senkrechten
Atemseil, damals,
höher als oben,
Zwoschen zwei Schmerzknoten, während
der blanke
Tatarenmonde zu uns heraufkomme,
grub ich mich in dich und in dich.)

(나는 너 안에, 너 안에 나를 묻었다grub ich mich in dich und in dich.) graben/묻다, grub/묻었다. 그리고 Grab, 이것은 무덤이다. 너는 나의 무덤, 내가 말을 건네고, 내가 증인으로 삼는

―비록 아무도 증인을 위해 증언하지 않는다고 할지라도―
너는, 나의 고유한 무덤이다. 블랑쇼는 여기서 이 괄호는 모든 것이 사라진 거기에서 "마치 간격이 여전히 줌이고 기억이고 공통의 목적인 **한 사유**를 보존하는 것처럼" 놓여 있다고 말한다.

(내가 너였다면, 네가 나였다면,
우리는 같은 역풍 아래서
함께 서 있지 못하지 않는가?
우리는 이방인이다.)
(Wäre ich wie du, Wärst du wie ich
Standen wir nicht
unter einem Passat?
Wir sind Fremde.)

우리는 이방인이다 Wir sind Fremde. 내가 나일 때, 나는 너다 *Ich bin du, wenn ich ich bin*. 그렇다. 가장 가까운 근접성과 줄일 수 없는 거리를 동시에 유지하는 *우리는 이방인이다*. "우리를 절대적으로 떼어 놓는 이 거리, 이 거리의 상실을 견뎌야 하기에 우리는 둘 다 이방인이다. 그리고 여기에 침묵이 있다면, 두 침묵이 우리의 입을 가득 채운다." *입안 가득한 이중의 침묵zwei/ Mundvoll Schweigen*. 그러나 시인은 마치 돌이 환대인 것처럼 가만히 쌓인 돌들을 들어 올린다. 들숨과 날숨 사이에, 아직 여전히 **_노래할 것이 남은 것처럼_**Singbaren Rest…. 금지된 (입에서 떼어 낸) 입술은,/ 너와 멀지 않은 곳에서/ 여전히 뭔가가 도달한다고/ 알린다. 마치 금지로부터만 말할 것이 올 수 있는 것처럼. 들숨과 날숨 사이에 "희망의 운동과 절망의 부동, 불가능의 요구가 서로 얽힌다."(V, 95) 돌 옆에서 느껴야 할 잔여의 시간—돌은/ 환대였다, 돌은/ 말하는 것을 금지하지 않았다./ 마치 우리가 행복했던 것처럼.

아, 이 떠도는, 텅 빈, 환대하는
중심. 분리된 (너와 나),
나는 네 안으로 떨어지고, 너는 내 안으로
떨어진다…
O diese wandernde leere
gästliche Mitte. Getrennt,
fall ich dir zu, fällst
du mir…

눈들, 세계 안에서 눈먼, 일련의
죽음의 균열 속에서, 나는 온다,
심장에서 힘들게 성장하는 것
나는 온다.
Augen, weltblind, im Sterbegeklüft: Ich komm,

Hartwuchs im Herzen,
Ich komm.

파종하는 밤, 마치
또 다른 밤이 있는 것처럼,
이보다 더 어두운 밤이 있는 것처럼…
Die Nacht besamt, als könnt es
noch ander geben, nächtiger als
diese…

"매혹되어, 항상 매혹 아래 기입된 이 단어들에 매혹되어"(V, 99) 블랑쇼는 그리고 이어서 나는 이 단어들을 읽고 또 읽는다. 깊고 깊은 곳에서, *파종하는 밤, 마치 또 다른 밤이 있는 것처럼, 이보다 더 어두운 밤이 있는 것처럼* 밤이 있다. 그러나 그 밤 속에 여전히 눈들이, 상처 입은 눈들이 부르고 끌어당긴다. 나는, 너는 우리는 대답해야 된다. *나는 온다. 나는 온다. 심장에서 힘들게 성장하는 것을 가지고서.* 어디에서 오는가? 그곳이 어디에도 없는 곳일지라도, 온다. 온다. 다만 거기에서―*일련의 죽음의 균열 속에서*―그치지 않는 (아무것도 밝히지 않는) 빛이 *죽음의 균열* 속에서 우리를 유혹한다. 이 떠도는, 텅 빈, 환대하는 중심, 첼란에 의해 열린 이 심연, 시의 중심, 환대하는 공허, 인간의 가장 내밀한 중심―심장, 그것은 그 끝을 알 수 없는 늪들로 점철된 길로 시인을 이끄는 시의 가장 근본적인 수수께끼, 비밀이다. 그러나 이 심연으로의 추락은 느리고 어렵다. 블랑쇼가 "허약한 추락la chute fragile" 혹은 "덧없는 추락"[28]이라고 부른 이 일련의 추락은 우리가 즉각적으로 무에 접근하는 것을 허락하지 않는다. 누구도 블랑쇼보다 더 이 끝이 없는 공간, 죽어 감과 죽음을 분리하는 이 공간을 더 잘 명명할 수 없었다. 그것은 "하나의 균열이 아니라, 셀 수 없는―일련의―균열들, 열리고 열리지 않는 어떤 것, 혹은 열리지만 항상 이미 다시 닫힌 어떤 것 그리고 다만 셀 수 없는 거대한 공허로 미끄러지기만 하는 것이 아니라, 차라리 아주 좁은, 끼이는, 옥죄는, 떨어지는 것이 불가능한, 처박히는 것이 불가능한, 우리가 자유로운 추락에 의해 떨어지는 것을 허락하지 않는 틈들, 균열들이다. 그런 것이 있다면 영원한 것일 것이다. 아마도 여기에 죽어 감이 있을 것이다. *죽어 감의 한가운데에서 힘들게 성장하는 것.*"(V, 99)

죽어 감의 한가운데에서 힘들게 성장하는 것, 시간 속에서 완수되지 않는 저 너머로의 발걸음, 증인 없는 증인, 이것에 첼란은 **"밤에 젖은 목소리들, 더 이상 아무 소리가 없을 때의 소리들을 모아서, 다만 시간에 낯선, 현재 속에서 모든**

사유에 제공된 시간에 낯선, 때늦은 부스럭거림들을 모아서
하나의 목소리를 주었다."(V, 99)

깊은
시간의 균열 속에서
빛 속에 빙산 옆에서
숨 쉬는 수정은
너의 반박할 수 없는
증언을
기다린다.
Tief
in der Zeitenschrunde,
beim Wabeneis
waetet , ein Atemkristall,
dein unumstössliches
Zeugnis.

말해, 너도
말해 마지막으로 말할 사람
너의 말을 말해.
Sprich auch du
sprich als letzter,
sag deinen Spruch.

아무도 증인을 위해 증언하지 않는다*Niemand zeugt für den Zeugen.* 아무도 증인을 위해 증언하지 않을 때, 어떻게 이 죽음을 증언할 수 있는가? "산 자와 죽은 자를 넘어서 아직도 말해야 하는 이 말, **증거의 부재를 위해 증언하면서**."[29] *말해, 너도, 비록 네가 마지막으로 말할 사람일지라도.* "어쩌면 지금 우리는 이 시를 들을 준비가 더 잘 되었을지도 모른다. 이 시는 첼란이 우리에게, 거의 아이러니하게, 제시한 이 시의 운동―*여러분, 시는 이 무한한 말, 허무한 죽음의 말, 유일하게 아무것도 아닌 말입니다*[30]―을 우리가 다시 파악하는 것을 허락하면서, 우리에게 읽게 하고, 우리를 살게 하는 것이다. 지금 이 시를 읽자. 고통스럽게 우리를 이끄는 이 봉인된 침묵 속에서."(V, 103) 아직도 *노래할 것이 남은 것처럼 Singbarer Reste*…. 읽자, 다만 읽자. 왜냐하면 시만이 마지막으로 증언하기 때문에 그리고 시는 서명 없는 "마지막 말"이기에.

말해, 너도,
말해 마지막으로 말할 사람
말해 너의 말을.

말해―

그렇지만 그렇다와 아니다를 분리하지 마.
너의 말에 또한 의미를 줘.
너의 말에 그림자를 줘.

너의 말에 충분한 그림자를 줘.
너의 말에 네가 아는 만큼의 그림자를 줘
자정 정오 자정 사이에서
네 주변에 퍼진.

네 주변을 봐
이것이 돌아서 살아오는 것을 봐
죽음 안에! 삶이!
진실을 말해, 누가 그림자에 대해 말하는가.

네가 머무는 곳이 줄어드는 것을 봐
지금 너는 어디로 가고 싶니? 그림자가 없는 너
어디로 가니?
올라가. 더듬으면서 올라가.
더 마르고, 더 이상 알아볼 수 없을 만큼, 더 가늘게
이것이 네가 되어야 하는 것이다. 더더욱 가는, 실,
그 실을 따라서 별이 내려오고 싶어 한다.

저 아래에서 헤엄치기 위해, 저 밑에서,
저 아래서 반짝이는 것이 보인다.

*저 아래, 별이 반짝이는 것이 보인다.
항상 어딘가로 가는 말들의 물살 속에서.*

1 본문에서 파울 첼란의 모든 시의 출처는 따로 명시하지 않았다.

2 Revue de Belles-Lettres, n°2-3. 1972, pp. 171-183. 이 잡지는 죽은 시인을 애도하는 특별호로 제네바에서 출간되었다. 블랑쇼의 이 글은 이후 1984년 단행본으로 파타 모르가나에서 출간되었으나, 시인의 미망인이 본문에 인용된 시인의 시의 독일어 오탈자와 블랑쇼의 시인의 시 인용 방식에 문제를 제기했고, 출판사는 이 책의 판매중지와 함께 시중에 유통되고 있던 300부를 거둬들여 폐기했다. 그리고 2년 뒤 출판사는 독일어 오자들만을 수정해서 1000부를 출간했다. 그리고 2002년 갈리마르에서 이 글은 블랑쇼의 다른 글들과 함께 『다른 곳에서 오는 목소리(Une voix venue d'ailleurs)』라는 책 안에(pp. 71-105) 포함되어 재출간되었다. 여기서 인용되는 모든 것은 이 책의 페이지를 지시한다. 그리고 본문 안의 인용은 따로 주를 달지 않고 약어 V로 적고 페이지를 직접 명시한다.

3 「마지막 말(le dernier mot)」은 「최후의 말(Tout dernier mot)」과 함께 블랑쇼가 카프카의 유고집에 대해 쓴 글들의 제목들이다. 이 글들은 1971년 출간된 그의 책 『우정(Amitié)』의 마지막 페이지들에 놓여 있다.

4 자크 데리다, 「"모리스 블랑쇼가 죽었다"("Maurice Blanchot est mort")」, 『해역(Parages)』, Paris: Galilée, 2003(증보판), p. 285. 이 글은 "Maurice Blanchot, Récits critiques"라는 주제로 2003년 3월 26일에서 29일까지 파리 3대학에서 개최된 국제 학술대회에서 29일 마지막 날 제일 마지막으로 발표된 글이다. 이 글은 2월 20일 블랑쇼의 죽음 이후, 데리다가 2월 24일 블랑쇼의 장례식에서 읽은 글[보통 「영원한 증인」이라 종종 불리는 이 조사는 「모리스 블랑쇼에게(À Maurice Blanchot)」라는 제목으로 그의 『매번 유일한, 세계의 종말(Chaque fois unique, la fin du monde)』(Paris: Galilée, 2003) 안에 마지막 글로 포함된다]에 이어서 그가 블랑쇼를 "위해" 쓴 두 번째 글이다. 그리고 같은 해 데리다는 이 글을 1986년 출간된 『해역』에 첨가해서 증보판(2003)을 낸다.

5 모리스 블랑쇼, 『나를 동반하지 않는 자(Celui qui ne m'accompagnait pas)』, Paris: Gallimard, 1953/2014, p. 173. 여기서 강조는 나의 것이다.

6 「자오선(Le Méridien)」은 몇 안 되는 파울 첼란의 산문들 중 하나로 1960년 10월 22일 다름슈타트에서 게오르크 뷔히너 문학상(George Büchner Prize) 시상식에서 행한 연설이다.

7 파울 첼란, 『자오선과 다른 산문들(Le Méridien & Autres Proses)』, Paris: Seuil, 2002, p. 71.

8 자크 데리다, 『매번 유일한, 세계의 종말』, p. 101.

9 자크 데리다, 『숫양들. 끝없는 대화: 두 무한 사이에서, 시(Béliers. Le dialoque ininterrompu: entre deux infinis, le poème)』, Paris: Galilée, 2003, p. 26. 이하에서 이 책은 『숫양들』로 표기한다.

10 자크 데리다, 『매번 유일한, 세계의 종말』, p. 203.

11 『마지막으로 말할 사람』이 1984년 처음 출간되었을 때 블랑쇼는 데리다에게 책과 함께 책갈피에 헌사가 적힌 편지를 끼어 보냈다. "이 조촐한 선물은 우리가 난파에서 구하지 못한, 놀라운, 그에 대한 기억에 의해서만 의의가 있습니다" 자크 데리다, 「"모리스 블랑쇼가 죽었다"」, 『해역』, Paris: Galilée, 2003, p. 284.

12 이 문장은 『마지막으로 말할 사람』의 첫 페이지에 홀로 배치되어 있다.

13 이 문장은 블랑쇼의 『나를 동반하지 않는 자』 25쪽에서 발견된다.

14 자크 데리다, 『해역』, p. 285.

15 주 12에서는 "nous manquions à nous même"를 "우리의 결핍"이라고 옮겼다. 그리고 여기서는 같은 문장을 "우리를 존재들과 사물들 한 가운데에 버려둔다"라고 옮겼다. 이 문장을 우리말로 옮기기 쉽지 않아 한 번은 직역으로, 다음번은 그 뜻으로 새겼다.

16 같은 책, 284쪽. 주 11에서 한 번 언급된 문장에서 따온 것이다. "우리가 난파에서 구하지 못한 그(파울 첼란)에 대한 기억에 의해서만 의의가 있는 이 소소한 선물/현재présent." 시간성과 줌으로 동시에 읽히는 이 présent은 『숫양들』에서 데리다는 "세계가 떠났다. 이제 내가 너를 짊어져야 한다"는 타자에 대한, 너에 대한 책임의 현재, 의무의 줌으로 동시에 읽는다.

17 자크 데리다, 『숫양들』, p. 48.

18 같은 책, p. 55.

19 데리다는 『우정의 정치학(Politiques d'amitié)』(Paris: Galilée, 1994)에서 이것은 우정과 애도의 가능성의 조건이며 법이라고 말한다. 여기서 데리다는 "우정은 살아남을(survivre) 가능성에서 시작한다. 그리고 살아남음은 애도의 다른 이름이다. (…) 우정은 애통함 전에 울고, 우정은 죽음 전에 죽음을 슬퍼한다. 이것은 우정 그 자체의 숨쉬기이다. 따라서 살아남음은 우정의 본질, 기원이면서 우정의 가능성의 조건"(p. 31)이라고 말한다.

20 자크 데리다, 『숫양들』, p. 69.

21 필립 라쿠라바르트(Philippe Lacoue-Labarthe), 『경험으로서의 시(La poésie comme expérience)』, Paris: Christian Borgois, 2015(1986), p. 30.

22 같은 책, p. 34.

23 파울 첼란은《밤과 안개》의 시나리오의 독일어 번역을 맡았다.

24 자크 데리다, 『매번 유일한, 세계의 종말』, p. 11.

25 자크 데리다, 『숫양들』, p. 27.

26 같은 책, p. 44.

27 같은 곳.

28 모리스 블랑쇼, 『저 너머로의 발걸음』, 박영옥 역, 서울: 그린비, 2019, 11쪽.

29 같은 책, 118쪽.

30 블랑쇼가 인용하는 첼란의 이 진술은 「자오선」에 나오는 구절이다. 이 구절은 블랑쇼의 『재난의 글쓰기(L'écriture du désastre)』(Paris: Gallimard, 1980, p. 143)에서도 발견된다. 블랑쇼는 이어서 죽음의 공허 안에서 울리는 이 죽음의 말로 이해되는 그의 시에 대해 "무한의 들림/이해(entente)가 죽음의 공허 안에서 엄격하게 한정된 죽음의 울림으로서 들리지 않는다면/이해되지 않는다(entendre)면 어떤 시적 진술도 없을 것"(p. 144)이라고 말한다.

아무것도 아닌 것으로 말하기

이혜인

어서 써. 써 보란 말이야. 평범한 용지 위에 보통 잉크로.
그들에겐 식량이 지급되지 않았다고. 모두가 굶어 죽었다고.
모두라고? 도대체 몇 명이나 되는데?
이곳은 거대한 초원이잖아. 한 사람당
얼마나 많은 풀잎과 잔디를 먹어 치웠을까?
어디 이렇게 써 봐. 난 아무것도 모른다고.
역사는 유골들을 어떻게든 제로(0)의 상태로 결산하려 애쓰고 있다.
천 명에다 한 명이 더 죽어도, 여전히 천 명이라 말한다.
그 한 명은 마치 이 세상에 존재하지도 않았다는 듯
어딘가로 감쪽같이 사라져 버린다:
상상으로 임신한 태아, 텅 빈 요람,
한번도 펼쳐진 적 없는 철자법 교본,
저 혼자 웃다가, 소리 지르다가, 팽창하는 공기,
공허의 늪을 향해 내달리는 계단,
가지런히 정렬된, 그 누구의 것도 아닌 미지의 공간.

우리는 육체가 되어 버린 초원 위에 서 있다.
초원은 마치 매수당한 증인처럼 침묵을 고수한다.
태양 아래서. 눈부시게 선명한 푸른 빛깔로.
숲 저편에 질겅질겅 씹을 수 있는 나무가 자라고,
그 나무에서 꿀꺽꿀꺽 들이킬 수 있는 수액이 뚝뚝 떨어진다.

눈이 멀지만 않는다면
일상의 풍경들은 매일매일 어김없이 배급되리라.
저 산 너머 영양 만점 도톰한 날개를 가진 새의 그림자가 비친다.
새들은 텅 빈 주둥이를 크게 벌린 채 쩝쩝 입맛을 다시고 있다.
낫처럼 생긴 초승달이 밤하늘에 슬며시 나타나
꿈속에 등장한 호밀빵을 쓱싹쓱싹 베어 낸다.
이콘에 등장하는 성인의 검은 두 팔은
텅 빈 잔을 손에 든 채 허공을 휘젓고 있다.
가시 돋친 철조망의 날카로운 꼬챙이 위에는
인간의 육신이 꼬치 요리처럼 대롱대롱 매달려 있다.
그들은 대지와 함께 노래를 부른다.
전쟁이 어떻게 그들의 심장을 꿰뚫었는지에 관한
아름다운 노래를.
자. 어디 한번 써 보시지. 이곳이 얼마나 고요하고 평화로운지.
그래, 알았어.[1]

샹탈 아케르만의 작품을 만나는 것은 그의 어머니 나탈리아를 만나는 일이기도 하다. 나탈리아 라이벨Natalia Leibel은 폴란드 출신의 유대인으로 아우슈비츠 생존자이다. 그는 자신의 과거에 관해 함구했지만, 그의 딸은 그 침묵에 귀 기울였다. "아버지는 옛이야기를 되풀이하지 말라고 했고, 어머니는 할 말이 아무것도 없다rien à dire고 했다. 그리고 나는 '그 아무것도 없는 것ce rien'에 관해 작업한다."[2] 샹탈이 작업하는 아무것도 없는 것은 무엇일까? 나탈리아가 말하(지 않)는 무언가와 샹탈의 작업이 도달하려고 하는 무언가는 서로 일치할 수 있을까? 나는 둘 사이의 간극이 필연적임을 시사하면서 이 글을 시작하려고 한다. 도달하고자 하는 바와 만들어내는 것 사이의 차이는 아케르만의 작품 활동을 비롯해 창작 일반에 적용될 수 있는 본원적인 간극으로, 이는 실패를 표상하지 않고 글쓰기의 동력이 된다. 아케르만의 창작 활동 또한 두 '아무것도 없는 것rien'에 다가가려는 과정에서 무한한 애도와 닮았는데, 그의 작업은 구조적인 측면에서 애도 작업과 유사할 뿐 아니라 내용 면에서도 불가능한 애도와 긴밀히 연결된다. 이 글은 아케르만이 구체적으로 어떻게 아무것도 아닌 것들riens로 하여금 말하게 하면서 "아무것도 없는 것—어머니의 할 말 없음—그 침묵ce rien"을 가로지르고 한없이 애도하는지 살펴볼 것이다. 이는 프랑스어 낱말 'rien'이 지닌 다의성에 기대어 감독의 영화를 가까이에서 읽으려는 클로즈 리딩의 시도이기도 하다.

오르페우스의 시선

블랑쇼는 『문학의 공간』 권두에서 한 권의 책이 지닌, 고정된 동시에 유동적인 중심에 관해 언급하면서 이 책의 중심은 「오르페우스의 시선」이라는 챕터를 향한다고 이야기한다. 에우리디케를 잃은 오르페우스가 지하세계로 내려간다. 이 여정에서 그의 노래는 하데스에 이르는 통로이다. 시인의 노래에 감동한 저승의 신은 오르페우스와 함께 에우리디케를 빛의 세계로 돌려보내는데, 지상에 닿기 전까지 뒤돌아보지 말라는 조건을 하나 덧붙인다. 하지만 오르페우스는 약속을 어긴 채 에우리디케를 바라보고, 그렇게 연인을 또다시 영영 잃고 만다. 그렇다면 오르페우스의 시선이란 성급함의 표징일까? "낮"의 세계에서는 신중함의 결여를 탓할지도 모른다. 하지만 블랑쇼는 "낮"과 "밤", "또 다른 밤"을 구분하며 문학을 "또 다른 밤" 가까이에 둔다. 일상적인 삶의 논리가 "낮"의 논리라면, 그가 "밤" 혹은 "첫 번째 밤"이라 부르는 시간은 낮의 논리로 이해되는 "낮의 밤"이다. 반면, "또 다른 밤"은 밤중에 열리는 밤으로, "함께 하나가 될 수 없는 것, 끝나지 않는 반복, 아무것도 가지지 않는 충만, 근거도 깊이도 없는 반짝임"[3]을 의미한다. 오르페우스가 향해 간 에우리디케는 밤의 한가운데 있는 에우리디케로, "밤의 본질이 또 다른

밤처럼 다가오는 순간이다."⁴

> 에우리디케를 향해 나아가지 않는 것, 그것 또한 그의 움직임의 절도 없는 신중하지 못한 힘을 배반하고 거기에 불충실하게 되는 것이다. 여기의 힘이란 낮의 진리 속에서, 일상의 즐거움 속에서 에우리디케를 원하지 않는 힘, 그 밤의 어둠 속에서 그 멀어짐 속에서 닫혀진 몸과 봉해진 얼굴의 그녀를 원하는 힘, 그녀가 보일 때가 아니라 보이지 않을 때, 가족적 삶의 내밀성으로서가 아니라 모든 내밀성을 배제하는 것의 낯섦으로서 그녀를 보기를 원하는 힘, 그녀를 살게 하는 것이 아니라 그녀에게서 그녀의 죽음의 충만이 살아 있는 그러한 그녀를 갖고자 하는 힘이다.⁵

오르페우스 신화는 "깊이의 과도한 경험"⁶을 절제해야 한다는 고대 그리스인들의 작품관을 반영한다. 반면, 블랑쇼는 오르페우스의 파괴적인 시선에서 글쓰기의 시작을 예견한다. 1950년대에 이르러 글쓰기는 프랑스 문학이론의 주요 개념으로 부상하는데, 블랑쇼는 이에 기여한 대표적인 비평가이자 작가이다. 그는 글쓰기란 사유의 반영이 아니라 사유가 생성되는 공간임을 강조한다. 그에 따르면 에우리디케, 밤, 자기 자신을 모두 배반하는 오르페우스의 시선은 문학의 근본적인 움직임에 답하는 행위로서 오르페우스는 필연적으로 작품의 약속을 망각할 수밖에 없다. 카프카는 일인칭이 비인칭이 되는 순간 글쓰기가 시작된다고 했고, 그와 비슷한 맥락에서 블랑쇼는 또 다른 밤, 오르페우스의 시선과 함께 글쓰기가 시작된다고 한다.

> 글쓰기는 그 실천의 복수적 분산에 의해, 모든 지반으로서 모든 지평을 쓸어 버리고 뿌리째 뽑는다. 다시 말해 글쓰기는 전개될 시간이 없는, 그래서 우리가 갑자기라고 말할 수 있는, 격정에 의해 흔적을 남길 시간이 없는 (항상 시간이 있는) 표시를 앗아 가고, 또 "항상 이미"의 요구 아래에서만 존재하고, 위반에 의해 금지된 혹은 건널 수 없는 한계를 앗아 간다. 다만 이 한계가 이미 건너진 것이고 곧 그리고 동시에 모든 건넘으로부터 (모든 열림으로부터) 돌아선 것이라면 혹은 돌아서자마자. 사유의 "아직"과 쓰기의 "항상 이미"는 그 둘이 유지하거나 제거하는, 그런데 겹쳐지지 않는 둘 사이의 간격을 따라서 기입된다.[7]

"항상 이미" 시작한 글쓰기와 "아직"인 채 있는 사유는 포갤 수 없는 간격에 따라 서로를 쓰니, 글 쓰는 이는 글을 쓰는 와중에 자기 자신을 비롯해 글의 대상과 작품 자체를 잊고, 잃고, 가까워지기를 되풀이한다. 그는 끊임없이 에우리디케를 잊고, 잃고, 한없이 그리는 오르페우스와 닮았고, 그의 글은 애도를 담고, 또 닮았다.

    1917년 프로이트는 「애도와 멜랑콜리」에서 상실을 대하는 두 가지 태도를 구분하면서 애도의 완수를 강조했다. 이때 잃어버린 대상에 대한 명확한 인식은 애도와 멜랑콜리를 구분하는 기준으로 작동하는데[8], 여기서 우리는 되물을 수 있다. 과연 잃어버린 대상을 확실히 파악하는 것, 그럼으로써 그를 내 안에 완전히 투사하고 전유하는 게 가능할까? 데리다는 『숫양들』에서 다음과 같이 쓴다.

> 프로이트에 따르면, 애도란 자기 안에 타자를 품는 것이다 (…): 투입, 기억의 투사Erinnerung, 미화. 멜랑콜리는 이러한 애도의 실패와 장애를 수용하는 것일 테다. 하지만 만일 내가 타자를 내 안에 품어야 한다면 (이것은 윤리 자체이다), 그에게 충실하기 위해, 그의 개별적인 타자성을 존중하기 위해 얼마간의 멜랑콜리가 정상적인 애도에 맞서 반발해야 한다 (…) "정상 상태"란 기억상실이 지닌 양심에 불과하다. 그것은 타자를 자기 안에 마치 자기인 양 품는 것이 타자를 이미 잊는 일임을 우리로 하여금 잊게 한다. 망각은 거기서 시작된다. 그러므로 멜랑콜리가 필요하다.[9]

"얼마간의 멜랑콜리"라는 말을 통해 데리다가 강조하는 바는 투사의 한계이다. 네가 사라지고, 나는 내 안에 너를 품지만, 지울 수 없는 너의 타자성은 너를 내 안에 완전히 품지 못하게 한다. 너는 내 안에 있는 동시에 완전한 타자로 바깥에 머문다. 이러한 의미에서 데리다는 애도의 성공이 그것을 "잘 실패하는"[10] 데 있음을 역설한다. 즉, 애도는 상실한 대상을 (내면화하고 미화함으로써) 잊으면서도 잊힐 수 없는 타자로 새기는 이중적인 움직임으로 구성되고, 이 구조는 글쓰기가 행해지는 방식과 유사하다.

샹탈 아케르만을 넓은 의미에서의 글쓰기로 이끈 인물, 즉 그의 에우리디케는 나탈리아였던 것 같다. 언젠가 거기서 나온 뒤 심장이 죽었다고 말한 어머니.[11] "거기"는 아우슈비츠 수용소이다. 어린 시절 나탈리아는 포그롬pogrom을 피해 부모님과 함께 폴란드에서 벨기에로 이주했다. 하지만 정착 후 얼마 지나지 않아 자신이 도망쳤던 타르누프에서 멀지 않은 아우슈비츠 비르케나우에 강제 수용된다. 그는 그곳에서 부모를 모두 여의고 브뤼셀에 돌아와 자콥 아케르만Jacob Akerman과 혼인한 뒤, 슬하에 두 자녀를 둔다. 샹탈 아케르만은 그중 맏이이다. 1968년 단편 영화《내 도시를 날려 버려》로 데뷔한 이래 2015년 자살로 생을 마감하기 이전까지 감독은 마흔 편 이상의 영화와 자전적 소설 두 권, 열댓 편의 설치작품을 남겼다. 그 사이 페미니스트, 퀴어, 포스트 누벨바그 등 갖가지 수식어가 그에게 따라붙었는데, 아케르만이 유일하게 채택한 표현은 "홀로코스트 2세대"였던 것 같다.[12] 끔찍한 학살을 몸소 경험하지 않았지만 태어나면서부터 역사의 무게를 짊어진 세대, 요컨대 감독의 말을 빌리자면, 나치가 있기 전의 세상을 모르는 2세대는 어떤 면에서 생존자라 볼 수 있다. 데리다는 자아 형성에 있어 "본래적인 애도deuil originaire"[13]를 강조했는데, 스스로를 "늙은 아이"[14]라고 칭한 아케르만은 이와 같이 구조적이고 존재론적인 애도를 실제적인 차원에서 품었던 것 같다. 아케르만의 기억은 메리앤 허쉬Marianne Hirsch가 말한 "후기 기억postmemory"[15]으로 점철된다. 나탈리아의 침묵 속에서 애도되지 못한 과거, 사라진 가족, 잊힌 꿈은 구멍이라는 형상으로 전승되고, 샹탈은 그 주위를 맴돌며 작업한다. 때로는 어머니에게 직접 질문을 던지기도 하고 그들의 대화는 작품의 소재가 되기도 한다.[16] 하지만 설령 어머니가 과거에 관해 입을 연다 한들 아케르만은 그 이야기에 아주 큰 의미를 부여하는 것 같지 않다. 그건 아마도 그가 가닿고자 한 나탈리아가 어머니 본인에게도 낯선 존재이기 때문이 아닐지 짐작해 본다. "죽어 버린 심장"을 지닌 채 죽음과 삶 어디에 거하는지 알 수 없는 나탈리아—에우리디케, 그에게 다가가는 일은 (어머니의) 불가능한 애도에 다가가면서 애도를 끝내기를 끝내지 않는 행위이기도 하다.

"어머니는 할 말이 아무것도 없다고 했다. 그리고 나는 '그 아무것도 없는 것'에 관해 작업한다." 영화를 포함해 샹탈 아케르만의 문학, 예술 언어는 거의 아무것도 아닌 것rien으로 하여금 말하게 함으로써 나탈리아의 침묵을 배회하고 가로지른다. 그렇다면 이제 어떻게 힘없는 말과 "사소한 것들 petits riens"[17], 심지어 어머니와는 무관한 것rien à voir이 어머니를 사라짐으로 드러내 보이며 애도를 끝내지 않는지 살펴볼 차례이다.

아무것도 아닌 것 말하기

아도르노는 아우슈비츠 이후에 시 쓰기가 불가능하다고 했고, 수많은 예술가와 사상가들은 불능한 시적 표현에 관해 사유했다. 프랑스 철학자 사라 코프만Sarah Kofman은 아우슈비츠에서 살해된 자신의 아버지 이야기를 하려면 힘없이 말해야 함을 강조한다. "말하기—말해야만 한다—힘없이: 너무 강하고 지배적인 언어가 가장 회의적인 상황, 절대적인 무력無力, 비탄 자체를 진정시키는 일이 없게끔, 명증성과 낮의 즐거움에 가두는 일이 없게끔."[18] 언어에 대한 이와 같은 고

찰은 샹탈 아케르만에게서도 관찰된다.

> 진실을 말해줘. 엄마 이야기를 해 줘. 못해.
> 어떤 상황에서나, 심지어 구멍이라는 게 없을 때조차 진실은 그저 단순히 드러나지 않고, 보통은 파악되지 않는다.
> 나는 거기, 정면에, 필요한 시간만큼 오랫동안 카메라를 놓아둘 것이고, 진실이 드러날 것이다. 진실이라고? 그게 뭐지? 오로지 진실만을. 일체의 진실은 말해질 수 없고, 끝까지 밀고 가지 않는 한에서만, 반토막만 말해야 말해질 수 있다고 라캉은 말한다. 그렇고말고![19]

침묵 속 웅얼거림을 듣고, 수없이 쏟아지는 말 가운데 전해지지 않은 무언가가 있음을 직감했던 아케르만에게 즉각적인 소통은 언제나 부족할 수밖에 없고 부족함으로 남아야 한다. 그의 '작업'[20]은 어머니의 죽은 심장을 관통하다 못해 자신의 자아를 구멍 내기에 이른 어떤 진실—애도되지 못한 상실—에 다가가는 와중에 말을 비껴가는 것들에 주목한다.

일반적으로 내러티브 영화가 청각 이미지보다는 시각 이미지 중심으로, 비언어적인 소리보다는 말 중심으로 전개된다면[21], 샹탈 아케르만의 작품은 장르를 불문하고 이러한 위계를 거스른다. 물론 그의 영화는 대부분 수다스럽지 않거니와, 서사 구조를 취한다고 하더라도 별다른 사건 없이 전개되기 일쑤이다. 하지만 이러한 사실과 별개로 내가 주목하고자 하는 바는 비언어적인 소리를 통해 중심 서사 내에 다른 서사를 여는 방식이다. 샹탈 아케르만의 오랜 동료이자 친구인 사진작가 바베트 망골트Babette Mangolte는 아케르만의 "비-사실주의적인"[22] 음향 작업을 강조한 바 있다. 아케르만은 라이브 사운드를 미니멀하고 선별적으로 사용하는데, 그가 증폭시키는 소리는 대개 발소리와 같이 지극히 부차적인 소음이다. 이러한 소리는 장면의 사실성을 부여하는 것 외에도 침묵을 강조하는 역할을 한다.

《잔 딜만, 코메르스가 23번지, 1080 브뤼셀》(1975)에서 잔의 침묵은 집안에 리드미컬하게 울리는 그의 발자국 소리와 달그닥 거리는 그릇 소리, 커피 물 끓는 소리 등을 통해 전달되고,《안나의 랑데부》(1978)에서 역사 안에 울려 퍼지는 안나의 구두 굽 소리는 주위의 침묵을 들려준다. 한편《알마이에르 가의 광기》(2012)의 마지막 장면에 담긴 묵직한 침묵은 윙윙거리는 곤충 소리를 통해 전해진다. 이와 같이 미약하지만 소란스러운 침묵은 상상력을 자극하고, 다른 영화적 장치(롱 테이크, 정면 촬영 등)와 작용하여 눈앞에 펼쳐지는 서사를 벗어나 무언의 서사로 향할 가능성을 열어 준다.

배우 오로르 클레망Aurore Clément은《안나의 랑데부》촬영 이전에 샹탈 아케르만이 구두를 고르는 데 들였던 정성에 관해 다음과 같이 술회한다.

> 샹탈과 나는 무슨 주제를 두고 대화를 나누진 않았어요. 우리는 매일 작은 것de petites choses들에 신경 썼죠. 구두 한 켤레를 찾아서 파리에 있는 신발가게를 거의 50군데 돌았는데 (…) 중요한 건 구두 자체가 아니라 그 구두가 내는 소리였던 것 같아요. 유럽의 기차역을 거닐 때 나는 소리, 야만에서 빠져나온 그 유럽의 역사驛숲에서요. 안나는 그 역들을 지나치고, 안나의 신발에서 그 소리들이 공명해야 했고, 그 소리를 찾아야 했죠.[23]

《안나의 랑데부》는 전후 유럽 이야기를 직접적으로 다루지 않는다. 하지만 황량한 배경에 각인된 소음은 그 이야기들을 하지 않으면서 한다. 안나는 샹탈 아케르만과 닮은 구석이 많은 인물이다. 젊은 영화감독인 안나는 영화 홍보를 위해 여러 나라를 돌아다닌다. 그는 말수가 적고, 주로 상대의 말을 듣기만 하는데, 그렇게 하인리히의 이야기(부인과의 이별, "국가의 적"으로 내몰려 교직에서 파면당한 친구 이야기)도 듣게 된다. 이 독일인 교사의 집을 나서면서 안나는 아무 말도 하지 않는다. 하지만 풀밭에 묻힌 그의 구두 굽 소리는 기찻길 인근의 적막한 풍경 속에서 참담한 이야기를 조용히 잇고 연장한다. 쾰른역에 잠시 정차한 안나는 어머니의 오랜 친구 이다Ida를 만난다. 읊조리는 듯 쉬지 않고 말하는 이 중년 여성의 이야기를 이해하기 위해 아케르만은 굳이 그의 말을 세세히 알아듣지 않아도 된다고 말한다. "말을 전부 알아듣지 못하고, 설령 프랑스어를 몰라서 그 말들이 옛날 옛적에 들려오는 노랫가락처럼 들리더라도, 우리는 이해하죠. 어렴풋이 이해하고, 상상하고, 알아보죠."[24] 아케르만의 영화에서 발화된 말과 보여진 이미지만큼, 어쩌면 그보다 더, 발화되지 않은 것과 보이지 않은 것이 만들어 내는 이야기도 중요하다. 그의 영화를 보면서 각자 이해하고 상상하고 알아보는 것은 개인마다 다를 수 있다. 아케르만 본인은 무엇을 알아차렸을까?

"결국 이거네, 또 이거였어."[25] 《동쪽에서》(1993) 상영 후 아케르만이 내뱉은 자조 섞인 말에는 무언가 비자발적으로 반복되고 있음을 암시한다. 1990년대에 이르러 샹탈 아케르만의 창작 활동에서 다큐멘터리가 큰 비중을 차지하기 시작한다. 《호텔 몬터레이》(1972)와 《어느 날 피나가 물었어요》(1983) 등을 만든 아케르만에게 다큐멘터리는 낯선 장르가 아니다. 하지만 90년대 이후 그의 다큐에는 실험적인 색채가 더 강해졌다는 특징이 있다.[26] 구체적인 계획이나 플롯 없이 소규모로 팀을 꾸려 현장에 가서 보고 듣고 느낀 것을 "스펀지"[27]처럼 촬영하고, 영상을 편집하는 과정에서 영화를 쓰고 발견하는 방법을 택한 것이다. 이런 방식으로 아케르만은 인종차별이나 이주민 문제 등의 아주 정치적인 주제를 다루는 한편, 뻔한 서사 구조를 따르지 않음으로써 미학적인 측면과 윤리적인 측면을 모두 아우르는 독특한, 다시 말해 (픽션을 십분 활용한) 자전적인 다큐를 만들었다. 프로젝트의 부재는 외부 세계를 선판단 없이 그릴 기회를 제공했고, 그와 동시에 감독의 내면에 깊숙이 다가갈 틈을 열어 준 듯하다.

소비에트 연방 해체 직후 폴란드에서 러시아로 가는 여정을 담은 《동쪽에서》는 말 없는 영화이다. 하지만 이 다큐에는 음성이 산재한다. 자막이 달리지 않아 의미를 알 수 없는 목소리들. 그 부유하는 음성들을 듣는 110분간 계절은 여름에서 겨울로 바뀌고 풍경과 사람들도 변한다. 그 사이 이미지의 유사와 대비를 통해 여러 상상적인 서사가 만들어지고 사라지기를 반복한다. 이처럼 장면 간의 긴장 관계를 통해 영화는 완성되고, 아케르만은 뒤늦게 이 영화 곳곳에 혼재하는—어머니와 자신을 이어 주고 분리하는—구멍과 마주한다. "우리는 차차 항상 같은 것이, 최초의 장면처럼 반복됨을 깨닫는다. 내게 최초의 장면이란—비록 내가 거기에 저항하고, 원통하기에 그지없지만, 그 명백함을 인정해야 하는데—저 멀리 뒤에 있거나 항상 앞에 있고, 이 오래된 이미지는 더 빛나고 눈부신 여타 이미지들로 약간 가려져 있을 뿐이다. 집단 이주, 낯선 곳을 향해 보따리를 들고 눈길을 행진하는 오래된 이미지들 (…) 영화는 끝났고, 나는 말한다. 결국 이거네, 또 이거였어."[28]

나머지의 나머지

2017년 크리테리온이 발매한 《잔 딜만, 코메르스가 23번지, 1080 브뤼셀》의 리커버리 버전 DVD에는 나탈리아와 샹탈의 10년 전 인터뷰 영상이 포함되어 있다. 나머지의 나머지라고 부를 수 있는 이 보너스 트랙의 여백에는 특기할 만한 장면이 담겨 있다. 25분간의 인터뷰를 마치고 샹탈이 자리를 뜬 뒤, 나탈리아는 부엌을 정리하다 말고 (인터뷰는 나탈리아의 부엌에서 진행됐다) 스텝에게 말을 건넨다. "재밌는 건 나와 연관된 무언가가 항상 있다는 거예요. 꼭 히치콕 영화에 그림자silhouette가 하나씩 있는 것처럼 샹탈의 거의 모든 영화에서 내가 그 그림자거든요. 참 웃기죠?" 인터뷰 내내 나탈리아가 영화 속 인물과 동일시되기를 거부했다는 사실을 고려하면, 어딘가 모순되어 보이는 이 말도 놀랍지만, '실루엣'이라는 용어가 더 눈길을 끈다. 나탈리아가 '실루엣'이 영화 용어로 엑스트라를 뜻한다는 것을 알고 사용한 것 같지는 않다. 그렇다면 우리는 실제 없이 드러나며 사라지는 그림자, 텍스트 안에 있으면서도 텍스트를 벗어남으로써만 존재하는 나머지로의 실루엣을 생각해 볼 수 있지 않을까?

어머니는 죽기 한참 전부터, 어쩌면 실제 죽음과 관계없이, 샹탈 아케르만의 일관된 애도의 대상이었던 것 같다. 죽어 버린 심장으로 살아간 어머니. 그리고 두 번의 수술 이후 그 어머니의 심장이 정말 멎게 되었을 때, 아케르만은 (애도로서의) 글쓰기를 반복한다. 나탈리아가 세상을 떠나고 일 년이 조금 넘게 지나 샹탈 아케르만이 목숨을 끊었다. 혹자는 그의 갑작스러운 자살에서 멜랑콜리의 징후를 읽고, 그의 작품을 애도의 실패라는 말로 엮곤 한다. 아케르만의 죽음은 의문으로 남을 수밖에 없다. 하지만 그의 작품에서, 데리다 식으로 표현하자면, 애도의 성공적인 실패를 제외하고, 어떤 실패를 이야기할 수 있는지 의문이 드는 것도 사실이다. 샹탈 아케르만의 작품을 만나는 것은 그의 어머니 나탈리아를 만나는 일이면서 그를 지나치는 일이기도 하니 말이다.

*

이 글을 배회하는 실루엣은 무엇일까 생각해 본다. 8년간 애도와 관련된 논문을 쓰면서 오랫동안 미뤄 둔 엄마에 관한 애도를 한다는 걸 뒤늦게 깨닫는 중이다. 너무 늦게. 그 사이 아빠가 세상을 떠났다. 저 너머 텅 빈 플랫폼을 집요하게 바라보던 사이 코앞에 있던 기차를 놓쳐 버린 것 같다. 애도에 관한 논문은 적어도 겉으로 보기에 일단락되었고, 내 애도는 시작하기 무섭게 무한한 것으로 머문다. 오랫동안 아빠에게 엄마에 관해 묻지 않았다. 남겨진 이들의 상처를 들쑤시고 싶지 않았고, 그 때문이라고 믿었지만 어쩌면 나도 상실을 마주할 수 없었던 것 같다. 아빠가 세상을 떠나기 몇 달 전 여느 때처럼 무력하고 부산스레 병실을 거니는 내게 아빠가 한 번도 들려준 적 없는 이야기를 꺼냈다. 엄마가 하지 않는 편이 나을 것 같다 해서 오랫동안 지어냈다는 이야기. 서로가 서로를 보호하려다 서로가 서로에게 상처를 남겼음을 뒤늦게 일깨우는 진부한 이야기. 그 끝에 드러나는 건 벌거벗은 비밀이 아니라 내 안에 품은 네가 나를 벗어난다는, 당연한 사실인데 그게 왜 놀랍고 슬프고 다행인지 모르겠다. 남은 말들을 곱씹어 본다. 귓가에 여전히, 매번 다르게 맴도는 말들. "결국 살아져." 결국 사라진다는 말일까. 결국 살아져 갈까. 누가? 너만큼 나도? 살아.

"Sero te amavi, (…) Mecum eras, et tecum non eram."[29]

1 비스와바 쉼보르스카, 「야스오의 강제 기아 수용소」, 『끝과 시작』, 최성은 역, 서울: 문학과지성사, 2007, 87-88쪽. 원문에서 강조됨.

2 샹탈 아케르만, 『영화인의 자화상: 샹탈 아케르만(Autoportrait en cinéaste: Chantal Akerman)』, Paris, Cahiers du cinema & Centre Pompidou, 2004, p. 12-13.

3 모리스 블랑쇼, 『문학의 공간』, 이달승 역, 서울, 그린비, 2010, 245쪽.

4 위의 책, 250쪽.

5 위의 책, 251-252쪽.

6 위의 책, 250쪽.

7 모리스 블랑쇼, 『저 너머로의 발걸음』, 박영옥 역, 서울, 그린비, 2019, 91쪽.

8 "잃어버린 사람이 <누구>인지는 알고 있지만 그의 <어떤 것>을 상실했는지 모를 경우, 우리는 환자가 상실을 의식적으로 인식하지 못하고 있다고 말할 수 있는 것이다." 지그문트 프로이트, 「슬픔과 우울증」, 『정신분석학의 근본 개념』, 윤희기, 박찬부 역, 서울: 열린책들, 1997, 247쪽. "정상적인 애도"가 상실한 대상을 파악하는 것으로 시작해 애도 작업을 거쳐 리비도의 철회에 이르는 반면, 멜랑콜리의 경우 대상 파악이 불가능하고, 이는 적절한 애도 작업으로 이어지지 못한다.

9 자크 데리다, 『숫양들. 끝없는 대화: 두 무한 사이에서, 시(Béliers. Le dialogue ininterrompu: entre deux infinis, le poème)』, Paris, Galilée, p. 73-74. 원문에서 강조됨.

10 "법칙, 애도의 법칙, 그리고 언제나 애도 중에 있는 그 법칙 중의 법칙은 성공하기 위해서는 잘 실패해야 한다는 것이다. 성공하려면 잘 실패해야 한다, 실패를 잘 해야 한다." 자크 데리다, 『매번 유일한, 세계의 종말(Chaque fois unique, la fin du monde)』, Paris, Galilée, 2003, p. 179.

11 샹탈 아케르만, 『내 어머니가 웃는다(Ma mère rit)』, Paris, Mercure de France, 2013, p. 107.

12 페르라셰즈 묘지에 있는 아케르만의 무덤에는 "홀로코스트 생존자의 자손"이라는 비명(碑銘)이 새겨져 있다.

13 자크 데리다, 『아포리아: 죽기 – "진실의 한계들"을 기대하기(Apories: mourir – s'attendre aux "limites de la verité")』, Galilée, 1996, p. 111.

14 Vieil enfant. 샹탈 아케르만, 『영화인의 자화상: 샹탈 아케르만』, op. cit., p. 63. 태어나자마자 이미 늙었고, 나이가 들어서도 어른이 되지 않았다는 의미에서 아케르만은 스스로를 이와 같이 칭했다.

15 후기 기억이란 이전 세대가 겪은 개별적, 문화적, 공동체적 차원의 트라우마와 후대가 맺는 관계를 의미한다. 허쉬는 이와 같은 과거의 후기 기억이 상상력과 창작에 많이 의지한다는 점을 강조한다. 메리앤 허쉬, 『후기 기억 세대: 홀로코스트 이후의 글과 시각 문화(The Generation of Postmemory: Writing and Visual Culture after the Holocaust)』, New York, Columbia University, 2012.

16 『오늘은 말해줘(Aujourd'hui, dis-moi)』(1980), 『이사 소동(Demain on déménage)』(2004), 『노 홈 무비』(2015) 등을 생각해 볼 수 있다.

17 샹탈 아케르만, 『내 어머니가 웃는다』, op. cit., p. 32.

18 사라 코프만, 『질식한 말(Paroles suffoquées)』, Paris, Galilée, 1987, p. 16. 원문에서 강조됨.

19 샹탈 아케르만, 『영화인의 자화상: 샹탈 아케르만』, op. cit., p. 30. 원문에서 강조됨.

20 이때 '작업(travail)'은 노동의 의미보다 "꿈 작업(travail de rêve)"이나 "애도 작업(travail de deuil)"이라는 용어의 쓰임과 마찬가지로 변형을 행하는 의식적이고 무의식적인 행위를 지칭한다.

21 미셸 시옹(Michel Chion), 『시청각: 영화에서의 소리와 이미지(L'Audio-vision: son et image au cinéma)』, Paris, Armand Colin, 2013.

22 아케르만의 작품을 이해하는 데 있어 이 말은 상당히 중요하다. 그는 '사실주의'나 '리얼타임'(《잔 딜망》의 유명한 장면—델핀 세리그가 감자를 깎고, 커틀릿을 만드는 장면—이 리얼타임이 아니라고 수차례 강조한다) 등의 개념과 거리를 두는 편인데, 이는 픽션에 관한 이해에 기반한다.

23 "《안나의 랑데부》, 오로르 클레망과의 대화", 프랑스 시네마테크, 2018년 3월 22일 (2024년 3월 31일에 참조). https://vimeo.com/261271564

24 샹탈 아케르만, 『영화인의 자화상: 샹탈 아케르만』, op. cit., p. 42.

25 위의 책, p. 102.

26 샹탈 아케르만의 (미디어 설치)작품이 미술관에 전시되기 시작한 시기와 맞물린다. 그의 영화 이미지, 특히 다큐멘터리 이미지들은 설치작품의 재료로 사용되었다.

27 샹탈 아케르만, 『영화인의 자화상: 샹탈 아케르만』, op. cit., p. 90.

28 위의 책, p. 102.

29 성 아우구스티누스, 『고백록』, 제 10권 27장.

마침내 사는 법을 배우기

고해종

"산 사람은 살아야지"

어렸지만 어리다고 생각하지는 않았던 무렵, 아빠가 죽었다. 비가 오던 밤, 자정을 갓 넘긴 시간이었다. 덕분에 장례는 만 3일을 꼬박 채웠다. 그래서 사람들은 조금 더 여유롭게 아빠의 빈소를 찾을 수 있었다. 꽤 많은 사람들이 왔던 것 같다. 사실 사망 선고를 내릴 의사가 바로 옆에 있지도 않았을뿐더러, 병실까지 오는 데에도 꽤 시간이 걸렸으니 어쩌면 장례는 이틀을 조금 넘겨서만 진행되었을 수도 있었을 것이다. 당직 의사의 배려였을까? 직무유기라고 생각했었는데, 그럴 수도 있었겠다. 15년 전의 일이고 이제는 이런 생각을 할 수 있는 정도의 시간이 되었다.

그때의 나는 카뮈와 보르헤르트, 도스토옙스키 같은 작가들의 책을 옆구리에 끼고 살았다. 심지어는 병실에서도 『지하로부터의 수기』인지 『까라마조프 씨네 형제들』인지를 읽었다. 아빠는 재미있냐고 물었고 자기는 도통 재미가 없더라며 침대에 몸을 뉘었다. 어처구니없게도 삶에 대해 고민한다면서 나는 아빠의 약간 남은 삶을 그렇게 놓쳤다.

그러니까 삶이란 무엇인가, 죽음이란 무엇인가, 분명히 고민하지 않았던 것은 아니다. 다만 그것들은 내게 제대로 체감된 적이 없었다. 여러 글들을 통해 접했지만 그것들은 결코 내 것인 적이 없었다. 죽음도, 삶도. 그리고 아빠의 죽음은, 죽음까지는 아닐지라도 적어도 삶만큼은 내게 실제적인 것으로 다가오게 했다.

"산 사람은 살아야지." 졸리지 않았고 배고프지 않아서 자지 않고 먹지 않던 나에게 많은 사람들은 말했다. 썩 듣기 싫은 소리였다. 한편으로는 마치 말머리에 '죽은 사람은 죽은 사람이고'가 생략되어 있는 것처럼 들려서, 이제 그 사람은 상관없는 사람이니 신경 쓰지 말라는 것 같았다. 망자의 죽음을 대하기에 온당한 태도가 아니라고 생각했다. 그런데 또 다른 한편으로 그 말은 내게 삶을 강제하는 것이기도 했다. 삶이란, 살아가야 하는 것이 되고 있었다. 아직 고민하고 있었는데, (더 솔직하게 말하자면) 아직 그것은 고민의 대상일 뿐이었는데, 이제 준비해서 어찌어찌 잘해 보려고 하는데.

그때 아마도 지금의 내 삶은 시작되었던 것 같다. 돌이켜 보니 그렇다. 그렇게 기억한다.

> "애도의 법칙이란, 성공하기 위해서 실패해야 한다는 것이다.
> 성공하기 위해서는 실패해야 하고, 잘 실패해야 한다."
> 자크 데리다, 루이 마랭(Louis Marin)에게 바치는 조사

불가능한 애도의 아포리아

"산 사람은 살아야지"라는 말에는 어딘가 찜찜한 구석이 있다. 그것은 일종의 사실을 당위로서 부과하는 무심한 수사다. 그것도 그런 것이, 죽은 사람과 함께 죽을 셈이 아니라면 산 사람은 사는 수밖에 딱히 다른 도리가 없기 때문이다. 하나의 강제된 선택. 이 도리 없음 앞에서 우리는 무력하고, 그리하여 살게끔 내몰린다. 그러니까 상실이라는 사건 앞에서 우리 모두는 대개 슬프지만, 그럼에도 불구하고 모두가 트리스탄을 잃은 이졸데일 수 있는 것은 아니어서, 기꺼이 공멸을 선택하지 못한 채 잠시 외출했던 열정을 거두어들이게 되는 것이다.

죽음이 모든 인간에게 공통적이고 절대적인 무화의 운명이라면, 그것의 도달을 함께 마주하지 않은 채 유예하거나 외면하고, 나아가서는 망각하게 되는 듯한 이 거두어들임은 프로이트적 전통에서 '애도 작업Trauerarbeit/travail de deuil'이라고 불리며 그것의 성공이 애도의 정상성을 구성한다. 하지만

애도라는 거두어들임의 작업은 죽음이라는 무화의 운명과 대면할 때 반드시 뒤따르는 것일 수밖에 없으므로 당연하게도 유쾌한 것이기 힘들고, 쏟은 열정의 무게만큼 무거우며, 그래서 때로는 방향을 돌리는 데 실패하기도 한다. 이렇게 보면 사랑하는 대상의 상실을 자기 자신과 동일시하여 자살에 준하는 자기 적대와 파괴로까지 이끄는 우울증Melancholie이란 애도의 실패와 다르지 않다.[1] 하지만 애도에 있어 성공과 실패라는 이 구별은 저 일상적 수사의 찜찜함을 딱히 해소해 주지 못한다. 오히려 성공한 애도라는 표현은 유예하는 몸짓 또는 외면과 망각이라는 불충실성에 대한 변명 같아서, 차라리 실패한 애도야말로 충실한 태도가 아닌지 생각하게 만드는 것이다.

그런데 사실 애도 작업이라는 표현이 이미 찜찜하다. "'애도 작업'이라는, 이 혼란스럽고 끔찍한 표현."[2] 애도를 작업이라고 부를 때 그것은 수고로운 일이지만, 나와 나의 남은 삶을 위해서 감내해야 할 사무임을 뜻하는 듯하다.(WM, 142) 그래서 성공적인 애도에는 나르시시즘이라는 혐의가 씌워지게 된다. 다시 말해, 애도 작업을 성공적으로 수행하는 동안 산 사람은 죽은 사람을 자신의 상상 속에서 이상적으로 재구성하고, 그것을 상징적으로 내면화하면서 재전유한다. 이 지점에 타자의 타자성을 제거하는 폭력이 있다. 즉,

성공한 애도에서 타자는 더 이상 타자로 남아 있을 수 없다는 점에서 성공한 애도는 곧장 실패하게 되고, 그리하여 "성공하기 위해서 실패해야 한다"라는 애도의 법칙이 성립하는 것이다.

그러니까 애도할 때 우리는 우선 실패해야 한다. 애도가 실패할 때 타자의 시신은 우리 안에 성실하게 안치될 것이고, 그로써 우리 안에서 영원히 살아 있게 될 것이다. "우리 안에서 살아 있게 하는 것, 이것이 충실함의 가장 좋은 표지가 아닐까?"(WM, 36) 그럼에도 불구하고 실패한 애도조차 충실함을 곧바로 담보해 주는 것은 아니다. 그래서 우리는 실패하는 동시에 "잘 실패해야" 한다. 이졸데는 자신의 삶을 트리스탄의 죽음 이후의 삶과 동일화시키고 그에 관해 말하기를 중단하면서 성공적인 애도 작업을 거부했지만, 그와 동시에 타자와의 관계 전부를 내던져 버리지 않았던가. "말하는 것은 불가능하지만, 침묵이나 부재, 슬픔을 나누지 않는 것 또한 마찬가지다."[3] 트리스탄과 이졸데가 너무나 극단적이라고 말해야 할지도 모르겠지만, 설사 그들처럼 공멸로 나아가지 않더라도 사정은 크게 다르지 않다. 애도 작업에서 "우리 안에 사는 타자가 실제로 살아 있다고 믿도록 착각하게 하는 것은 불충실한 것이기 때문"이다. 우리는 언제나 그가 "영원히 사라지고 없다는 사실을 인정해야 한다."(MP, 21)

성공을 위해 실패하되, 잘 실패해야 한다는 애도의 법칙은 우리가 타자와 완전히 분리되어 버릴 수도 없고 완전히 하나가 되어 버릴 수도 없으며, 오직 얼마간 그 부재의 관계를 버텨 내면서만 존재할 수 있다는 사실을 알려 준다. 그러므로 애도의 불가능성이라는 아포리아 앞에서, 우리는 그저 이미 실패했거나 앞으로 실패하게 될 말들을 끝없이 내뱉을 수 있을 뿐이지만 애도의 충실함은 부재가 오히려 존재를 증명한다는 데에서 온다. 실패하겠지만 계속해서 삭선削線을 눌러 그으면서 다시 실패하고야 마는 불가능성으로부터 충실한 애도의 도정이 시작되는 것이다.

> "친구를 갖는다는 것, 그를 바라본다는 것,
> 눈으로 그를 좇는다는 것, 우정으로 그를 존경한다는 것은,
> 둘 중 하나가 필연적으로 상대방의 죽음을 보게 될 것임을
> 더 강한 방식으로, 이미 상처 입은 채 언제나 끊임없이 계속되고
> 점점 더 잊을 수 없는 방식으로 알게 되는 것이다."
> 자크 데리다, 장마리 브누아(Jean-Marie Benoist)에게 바치는 조사

동시성synchronie 내부의 시대착오anachronie

그러므로 산 사람은 고인의 부재를 끌어안고서 어떻게든 살아가야만 한다. 이것은 충실한 애도의 조건이다. "산 사람은

살아야지"라는, 망자의 영정 앞에서 이루어지는 발화에 깃든 강제성은 이런 맥락에서 이해되어야 한다. 즉, 죽음과 삶 사이의 긴밀구조stricture가 있다는 것. 죽음과 삶은 긴밀히 연결되도록 강제되어 있다. 이제 우리는 그저 사는 것이 아니라 죽음에도 불구하고 또는 죽음이라는 불가능성의 지점으로부터 살아 나가야만 하는 것이다. 그리고 이때 고인은 성공한 애도라는 단순한 내면화에 방기되지 않고 우리 안에서 우리를 유령처럼 붙잡는다. 왜 유령인가? 유령이란 부재하는 한 존재하기 때문이다. "잘 실패해야 한다"는 애도의 법칙이 부재의 관계를 버텨 내면서 존재한다면, 그것은 유령적으로만 지탱될 수 있다. 즉 "유령: 동일자 안의 타자 (…) 완전히 다른, 죽은, 내 안에 사는 타자."(WM, 41-42) 그러므로 죽은 것도 산 것도 아닌 이 타자는 우리 안에 있지만 우리와는 무한히 다른 존재로서, 말없이 우리를 바라볼 뿐이다. 그래서 죽음은 "무화anéantissement나 비-존재, 또는 무이기 이전에 일종의 경험, 살아남은 자가 겪는 '응답-없음'의 경험"이 된다.(WM, 203)

물론 죽음의 독특성singularité은 우리가 그것을 타인에게 양도할 수 없다는 점에서 찾을 수도 있을 것이다. 죽음은 모든 경우마다 자기 자신만의 것일 수밖에 없고, 그런 의미에서라면 그것이야말로 존재의 가장 고유한 근거를 마련해 주는 것이며, 따라서 우리는 하이데거를 따라 죽음을 향한 존재Sein zum Tode라고 불릴 수도 있다. 하지만 죽음이란 것은 정말로 경험될 수 있는 것일까? 사실 우리는 결코 죽음을 직접 경험하지 못한다. 우리가 경험하는 모든 죽음은 타인의 죽음이며, 타인의 죽음을 통해서만 우리는 가까스로 우리의 죽음을, 그것이 이미 도래해 있음을 새삼스레 깨닫는다. 생각해 보면 자명한 것인데, 누구도 자신의 죽음을 추억할 수는 없다. 일인칭의 죽음은 언제나 미래형이다. 죽어 가면서 '나는 죽는다'라고 현재형으로 말해 본들, 그것은 여하간 아직은 아닌 것을 지금으로 끌어오고 있는 것일 뿐 정말로 시간과 존재의 일치를 뜻하지는 못한다. 다시 말해, 죽음에 대해서는 어떤 현재présent도 지금maintenant 안에서 자기 자신과 조화롭게 관계 맺지 못한다. 그리하여 죽음이란 항상 이인칭의 것으로 경험되는 것이다. 삼인칭의 죽음에서 그것은 익명의, 아무개의, 누군가의 추상적 죽음일 테지만, 이인칭의 죽음에서는 사정이 달라져서 울고 마음 아파하며 마치 자신의 죽음처럼 슬퍼하게 되며, 그래서 '너'의 죽음은 특권적인 죽음일 수 있다. 거의 '나'와 같은 '너'는, 가장 가까운 남으로서 가장 근접한 타자성의 좌표이므로.[4] 이 일치 없는 근접이 죽음의 경험을 특징짓는다. 죽게 되어 있는 자 mortalis가 죽을 자moriturus에게, 나아가서는 죽어 가고 있는 자moribundus에게 자리를 내어 주는 이 과정은 우리에게 자신의 차례가 실은 이미 도래해 있었음을 감지하도록 이끈다. "죽음은 이미 도착했습니다. 이것이 바로 죽음의 경험입니다."[5] 그러니까, 모든 인간은 죽는다, 나는 인간이다, 나는 죽는다. 이 기초적인 삼단논법을, 뻔히 알고 있던 것을 새삼스럽게 알게 된다. '뻔히'와 '새삼' 사이의 이 동시성은 불가피하다.

그렇다면 죽음의 독특성은 차라리 이 탈구에서부터 찾아야 할지도 모른다. 이 탈구는 애도의 구조에 이미 기입되어 있는 차이로서 타자의 예견 불가능한 도래에 호응하는 사건이니까 말이다. "'있다'나 '무가 아니라 어떤 것이 있다.'"(É, 36) 또는 달리 말해, 언제나 이미 '누군가'가 있다. 그리고 그 누군가가 '다른 누군가보다 먼저 죽음'을 보게 되리라는 것을 우리는 처음부터 알고 있다. 여기에 최초와 최후가 겹쳐 있다. 그래서 애도는 미리 드리워진 황혼과도 같은 것이다. "애도라고 불리는 그 황혼의 공간: 즉 죽음에 뒤따르는 애도뿐만 아니라 우리가 사랑하는 사람들의 죽음에 뒤따를 것으로 처음부터 기대하면서 준비된 애도."(WM, 146) 애도란 되돌려주거나 갚아 줄 수 있는 성질의 것이 아니다. 애도가 교환될 수 있는 것이 아닌 만큼, 애도할 때 우리는 언제나 앞서 있는 동시에 뒤처져 있고, 따라서 죽음의 경험은 교환경제를 초과하며 충실한 애도란 오직 불가능성의 강제 위에서만 존립할 수 있는 것이다. 그렇다면 흔하게 논해지는 것처럼 죽음이란 우리 존재의 본래성을 구성하기 위해 전제되는 것일 수 없다. 죽음은 우리의 고유한 본래성을 위한 것이기는커녕 역으로 우리 존재의 고유함이 언제나 이미 타자로 온통 오염되어 있음을 드러낸다.

> "누군가가 다가와 말한다.
> 나는 마침내 사는 법을 배우고자 한다고."
> "존재한다는 것은 (…) 상속한다는 것을 의미한다."
> 자크 데리다, 『마르크스의 유령들』

상속의 존재론[6]

이렇게 애도가 우리에게 낯설고 초월적인 타자를, 또한 동시에 전유해 내고자 하는 이중의 운동이라면, 상속이란 이러한 이중 구속에 참여하는 하나의 정식으로 주어진다. 상속은 우리가 자신의 몫으로 수용하게 되면서도 그 전적인 권리를 요구할 수는 없는 것이기 때문이다. 그러니까 우리는 우리가 다시 전달해야만 하는 무엇인가를 상속받도록 강제되고, 이때 우리는 언제나 충실한 차용자, 보관자, 중계자여야 한다.(É, 180) 그리고 우리가 언제나 타자를 상속한다면, 우리는 특별하게 상속된 타자들로 얼룩져 있는 한에서만 고유한 존재일 수 있다고 해야 할 것이다. 즉, 타자는 나보다 앞선 존재로서 '나'의 고유함을 개시한다. 따라서 '환대'라는, 타자에 대한 태도로 통칭되는 이 관계성은 윤리적 책무에 앞서는 하나의 조건이다. "타자는 저보다 먼저 제 안에 있습니다. 자아는 (…) 타자성을 제 고유의 조건으로서 함축하는 거죠."[7] 나보다 앞서 있는 그 누군가를 일단 받아들여야 한다. 타자를 환대해야 한다는, 애도에 부과되는 이 책임은 물론 우리를 타율적으로 제약하지만, 바로 그 때문에 온당하게 고유함의 조건이 된다. 다시 말해 언제나 이미 거기 있는 타자는 아마도 도래하게 될 것이고, 그때 해체되고 탈구되는 것은 다름 아닌 '나'이며 이 탈구의 독특성이 도리어 '나'의 고유성의 근거를 마련한다. 그러므로 다시, 타자는 나보다 앞서, 나보다 먼저 도래해 있다. 상속이란 이처럼 존재의 구조 일반에 이미 관련되어 있는 존재론적 사실이다.

타자를 상속함으로써, 특별하게 얼룩짐으로써 고유한 독특성이 도래한다. 따라서 상속은 존재론적 사실일 뿐 아니라 존재론적 사건이기도 하다. 그런데 무엇인가 벌어지기 위해서는 무엇인가 새로운 것이 도래해야만 하지 않을까? 장래avenir는 도래할à-venir 것이지만, 도래를 위해서 현재가 닫혀 있어서는 안 된다. 하지만 동시에 그저 모든 미규정성으로서의 미래futur를 향해서가 아니라, 도래하는 것ce qui vient을 향해 열려 있어야 하며 그로써 사건이 발생하게 된다.(GS, 37)

그러므로 먼저 어떤 열림이 있어야 한다. 이러한 타자성으로의 열림은 우리의 필연성을 무장 해제시키는 절대적인 약함의 순간을 그 계기로서 함축하고 있다. "'해야 한다'가 필요합니다il faut le 'il faut'. (타자가 됐든 무엇이 됐든) 그것이 나보다 더 강하다는 것을 인정해야 합니다. 그래서 무언가가 벌어질 수 있죠. 무언가가 벌어지기 위해서는 제게 힘이 부족해야 합니다. 충분히 부족해야 하죠. 만약 제가 타자보다 더 강했다면, 혹은 도착하는 무언가보다 더 강했다면 아무것도 도착하지 않았을 것입니다. 약함이 필요합니다."(GS, 118)

하지만 이것은 '내가 가지고 있는 것을 내어 주는 것'을 의미하지 않는다. 타자에 대한 열림과 환대가 대개 무엇인가에 대한 '나'의 소유를 전제하지 않고서는 불가능한 것처럼 보이기 때문에 그것들은 '나'의 윤리적 의무처럼 여겨지지만, 타자성이 고유성의 조건인 만큼 다른 순서를 취하게 되는 것이다. "내가 내 자아의 소유권자가 아님"을, "증여하는 듯 보이는 환대의 소유권자가 아님"을 알아야 한다.(GS,

166-169)

하지만 동시에 타자에 대한 이런 환대가 다만 총체적total으로 승인되는 것도 아니다. 존재를 그저 미규정적으로 내버려두는 그런 장래와의 관계로는 어떤 '나'를 사유할 수 없다. "상속받는다는 것은 본질적으로는 어떤 것, 즉 우리가 가질 수 있는 주어진 것을 받아들인다는 것이 아닙니다. 이는 능동적 긍정으로서, 하나의 명령에 응답하는 것이지만 또한 주도권, 비판적 선별이라는 서명이나 연서連署를 전제합니다. 우리가 상속받을 때, 우리는 고르고 가려내고 가치를 매기고 재활성화합니다."(É, 61-62) 그러므로 상속이란 흔히 상상되는 것과는 달리 결정과 선택, 응답을 함축하고 있다. 상속은 과거로부터 강제되는 결정 불가능성, 이중 구속에 다시 이중 구속으로 응답하는 사건이다. 그리고 그 타자적 응답에 대해 우리는 오직 유한한 선별로서만 대답할 수 있고, 그 이중 구속에 의해서만 책임이 존재할 수 있게 된다.(É, 119)

그래서 애도는 레비나스의 '얼굴'과 같은 식의 무한한 타자에 대한 전체적 환대로도 환원되지 않는다. 우리는 선별이라는 유한성의 작용을 통해서만 애도라는 인수引受의 무한성에 참여하기 때문이다. 우리는 충분히 약해야 하지만, 그것을 부정적인 것으로 인식해서는 안 된다. 우리는 약하기 때문에 열릴 것이다. "이 약한 긍정은 무조건적인 것이지 상대주의적인 것이거나 관용적인 것이 아닙니다."(GS, 119) 그러므로 애도의 충실함을 위해서 우리가 할 수 있는 것은 오직 계속된 유한성의 무한한 반복이다. 우리는 무한히 유한해야 한다. 다시, 어떻게 해서든 다시, 어쩔 도리 없이 다시. 애도의 충실함은 끝없이 실패하고 다시 시도하는 최악의 방향 Worstward ho을 향한다. 하지만 그럼으로써만 우리는 마침내 사는 법을 배울 수 있게 될 것이다.

> "사랑(phila)은 살아남기(survie)의 가능성과 함께 시작된다.
> 살아남기—그것은 애도의 다른 이름이다."
> 자크 데리다, 『우정의 정치학』

이제 그대 안에 거하도다[8]

너무나 행복할 때 느끼는 두려움이 있다. 이 행복이 사라지면 어쩌지 하는. 일곱 살인가 여덟 살 무렵, 놀이터에서 아주 재미난 하루를 보내고 난 뒤, 잠에 들기 직전에 문득 나는 죽음에 대해서 생각했다. 오늘을 잊어버리면 어떡하지, 이 즐거움을 잃어버리게 되면 어떡하지. 한참의 시간이 지난 후에도 여전히 비슷한 두려움을 종종 느끼곤 한다. 이 행복이 사라지면 어떡하지. 달라진 것이 있다면 예전의 내가 엄마에게

달려가 울음을 터트렸던 것과 달리, 지금의 나는 앞으로 내가 어떻게 남겨질까, 나는 어떻게 기억될까, 죽음 너머의 상황을 고민하게 되었다는 것이다. 사랑하는 사람들을 어떻게 남겨 둘 것인지를 생각한다. 그리고 그들 안에 남겨져 살아갈 나는 어떠할지를 생각한다.

최악의 방향에서 마침내 배우게 된 삶, 그것은 죽음-너머의-삶으로서 살아남기이며 따라서 남아 있음의 구조에 해당한다. 부모와 자식, 친구나 연인처럼 사랑하고 존경하는 사람들을 마음에 품게 될 때, 우리는 우리들 중 하나가 필연적으로 상대방의 죽음을 보게 될 것이라는 것을 더욱 강렬하게 알게 된다.(WM, 146) 그래서 우리는 남아 있어야 한다. 잔존殘存의 구조로서 살아남기란 그러므로, 죽음에도 불구하고 그것과 함께 살아가는 법vivre을 배우는 것, 그렇게 살아남는 것survie을 뜻한다. 그리고 그로써 우리는 삶을-넘어서는-삶sur-vie을 시야에 넣게 되며, 이는 곧 "우리가 발견하는 것, 우리 자신인 것, 우리가 사유하고 희망하는 것에 삶을-넘어서는-삶을 약간 부여하기 위한 투쟁"과도 같다.(GS, 195)

> 제가 남긴 흔적은 제게 도래하거나 이미 도래한 제 죽음을 의미하는 동시에, 그 흔적이 저보다 오래 살아남으리라는 희망을 의미합니다. 그것은 불멸성에 대한 야심이 아닙니

다. 그것은 구조적입니다. (…) 저는 글쓰기 속에서 저의 죽음을 삽니다. 이건 극단적인 경험이죠. 우리는 우리가 남긴 것이 정확히 누구에게 맡겨지는지를 알지 못한 채로 스스로를 상실합니다. 누가, 그리고 어떻게 상속하게 될까요? 상속자들이 있기는 할까요? (…) 이 나이를 먹고 나니, 저는 이 주제에 대해 아주 모순적인 가설들을 받아들일 채비를 갖추게 되었습니다. 저는 동시에, 저를 믿어 주셨으면 합니다, 이중적인 감정을 갖고 있습니다. 한편으로는, 농담처럼 무례하게 말하자면, 사람들이 나를 읽기를 시작하지도 않았고 (…) 이 모든 것들이 드러나려면 아직 더 시간이 필요하리라는 감정입니다. 하지만 또한 다른 한편으로는 제 죽음 이후 보름이나 한 달이 지나면 더 이상 아무것도 남아 있지 않으리라는 감정입니다. (…) 맹세컨대, 저는 동시에, 그리고 진심으로 이 두 가지 가설을 믿습니다.[9]

매년 돌아오는 15년 묵은 날짜는 아빠와 죽음을 둘러싼 여러 풍경의 기억을 떠오르게 한다. 하지만 납골당의 작은 위패 앞에서, 엄마와 누나, 나는 딱히 별다른 말을 하지 않는다. 아빠의 죽음, 우리가 마주하게 될 삶과 죽음의 고독을 되뇌지 않는다. 돌아가는 길, 휴게소에서 소떡소떡이라거나 회오리감자를 먹자 따위의 말을 나누면서 그저 자기의 아빠와 비눗방울 놀이를 하며 즐거워하는 어린 조카를 보고 있을 뿐.

*

언젠가부터 혼잣말을 하지 않게 되었다. 할 필요가 없어졌다고 말해야 할 것이다. 내 말을 들어 주는 사람, 내 글을 읽어 주는 사람이 생겼고 나는 그 사람과 함께 살아가기로 결심했다. 내 말을 듣고 내 글을 읽을 때의 그 사람을 바라보곤 한다. 아마 영문 모를 말과 글일지도 모르겠지만, 그 사람은 관대하게도 그 비밀을 굳이 들추지 않는다. 그때의 반짝이는 눈과 쫑긋이는 귀, 때로는 찌푸려지는 미간과 때로는 씰룩이는 입술을 나는 본다.

1 지그문트 프로이트, 「슬픔과 우울증」, 『정신분석학의 근본 개념』, 윤희기·박찬부 역, 파주: 열린책들, 245-256쪽 참조.

2 자크 데리다, 『애도 작업(The Work of Mourning)』, 파스칼안 브롤·마이클 나스 편(ed. Pascale-Anne Brault and Michael Naas), Chicago and London: The University of Chicago Press, 2001, p. 200. 이하에서 이 책은 WM으로 약칭하고 이 책으로부터의 인용은 본문 괄호 안에 페이지 수만을 표기한다. 또한 본문에서 루이 마랭에게 바치는 조사의 인용은 이 책의 p. 144이며, 장 마리 브누아에게 바치는 조사의 인용은 이 책의 p. 107이다.

3 자크 데리다, 『폴드만을 위한 회고록(Memoires for Paul de Man)』, 세실 린지 외 역(trans. Cecile Lindsay et al.), New York: Columbia University Press, xvi. 이하에서 이 책은 MP로 약칭하고 이 책으로부터의 인용은 본문 괄호 안에 페이지 수만을 표기한다.

4 블라디미르 장켈레비치, 『죽음: 이토록 가깝고, 이토록 먼』, 김정훈 역, 서울: 호두, 2023, 36쪽; 42-52쪽 참조.

5 자크 데리다·베르나르 스티글레르, 『에코그라피』, 김재희·진태원 역, 서울: 민음사, 2018, 171쪽. 이하에서 이 책은 É로 약칭하고 이 책으로부터의 인용은 본문 괄호 안에 쪽수만을 표기한다.

6 이 제목 앞의 『마르크스의 유령들』의 인용 출처는 다음과 같다. 자크 데리다, 『마르크스의 유령들』, 진태원 역, 서울: 그린비, 2014, 9쪽; 122쪽.

7 자크 데리다·마우리치오 페라리스, 『비밀의 취향』, 김민호 역, 서울: 이학사, 2022, 166쪽. 이하에서 이 책은 GS로 약칭하고 이 책에서의 인용은 본문 괄호 안에 쪽수만을 표기한다.

8 마우리치오 페라리스, 「이제 그대 안에 거하도다」, 자크 데리다·마우리치

오 페라리스, 『비밀의 취향』의 후기, 같은 책, 186쪽 참조. 또한 이 제목 앞의 『우정의 정치학』의 인용 출처는 다음과 같다. 자크 데리다, 『우정의 정치학(The Politics of Friendship)』, 조지 콜린스 역(trans. Geroge Collins), London and New York: Verso, 2005, p. 13

9 자크 데리다, 『마침내 사는 법을 배우기(Apprendre à vivre enfin)』, Paris: Galilée, 2016. 엄태연의 국역(https://blog.naver.com/limitedinc/221386299424) 에서 인용.

애도를 상속하기
:《어바웃 타임》에 대한 한 가지 독해

김민호

영화 《어바웃 타임About Time》은 기본적으로 따뜻한 로맨틱 코미디로, 과거로 되돌아가 삶을 다시 살고 고쳐 쓸 수 있는 능력을 부계父系에서 물려받은 시간 여행자 팀(도널 글리슨 분)이 이 능력을 이용해서 메리(레이철 매캐덤스 분)와 사귀고 행복하게 가정을 꾸리고 사는 이야기를 골자로 한다. 그런데 이 영화에는 의외로 애도deuil의 근본적 진리를 가르쳐 주는 장면이 하나 있다. 그것은 장래avenir를 향해 개방되는 것이 과거passé를 과거의 편으로 떠나보내는 것과 동일한 사무라는 진리다.

누구나 그러하듯 팀의 아버지 제임스(빌 나이 분)도 결국 죽음을 맞이한다. 하지만 이 부자에게 죽음은 약간 다른 의미를 지니게 된다. 팀이 아버지가 살아 계시던 시절로 거듭 되돌아가 아버지를 만나고 오기 때문이다.

그러나 이 순조로운 재회는 메리가 셋째 아이를 가지기를 원하면서 위태로워진다. 극중 설정에 따르면 어떤 사건은 너무도 섬세해서 과거에 대한 아주 약간의 개입만으로도 큰 영향을 받게 되는데, 새로 태어나는 아이의 성별이 바로 그런 사건이었던 탓이다. 팀에게 셋째를 가진다는 것은 곧 아버지를 더 이상 만날 수 없다는 것을 뜻한다.

이제 팀에게 부과된 것은 거의 불가능해 보이는 양자택일이다. 아버지냐 자식이냐. 팀은 아버지를 만나러 되돌아가는 것을 포기한다. 실은 이것은 팀의 아버지가 이미 떠맡았던 양자택일과 크게 다르지 않다. 제임스는 폐암으로 사망하게 되는데 폐암의 원인이 팀이 태어나기 전부터 오래도록 피운 담배 때문이라는 것을 알면서도 담배를 피우지 않는 식으로 과거를 고쳐 쓰는 일을 포기한다. 물론 이는 팀을 잃지 않기 위해서다. 이렇게 제임스와 팀이 각각 과거를 온존하기로, 과거를 그대로 긍정하기로 결단하는 것은 결국 새롭게 도래하는 타자autre à venir를 위해서다.

영화는 과거로 되돌아가는 능력을 바탕으로 한 허구의 이야기이지만, 실제라고 해도 사정은 크게 다르지 않다. 혹여 장례식장의 무거움을 조금이라도 덜어 주는 것이 있다면, 상주로 하여금 잠시나마 슬픔을 잊게끔 만드는 것이 있다면, 그것은 죽음을 이해하지 못한 채 장례식장을 뛰어다니는 아이들의 천진한 목소리다.

이 목소리는 비단 철모르는 웃음소리인 것만이 아니다. 종종 저돌적인 악다구니이기도 하고 때때로는 생生 그 자체의 표현인 울음소리이기도 한 이 목소리는 과거에 대한 장래의 거의 절대적인 요구, 불공평할 만큼 비대칭적인 요구를 체현한다. 그것은 어떤 아픔을 겪었든, 누구를 잃었고 무엇을 상실했든 아예 그/것과 함께 절멸해 버릴 것이 아니라면 '어쨌든' 삶의 페이지를 다음 장으로 넘겨야만 한다는 애도의 요구다. 그래서 애도는 사소한 경우에조차도 아이들의 웃음소리, 악다구니, 울음소리처럼 언제나 과도한 것, 상궤를 벗어난démesuré 것이다.

애도 없이는 삶 자체도 없다. 과거passé에 대한, 지나간 것 passé에 대한 애도가 이루어지지 않으면 삶은 거대한 반복이 되어 버린다. 그/것을 좀체 떠나지 못하는 탓에 어디에서 무엇을 하더라도 그/것이 되돌아오고 반복되기 때문이다. 지나간 현재présent passé로서의 과거와 대조를 이루는 현재적인 과거passé présent가 여기에 있다. 어떤 과거는 지나치게 현재적이어서, 집요하게 반복되고 고집스레 회귀함으로써 우리로 하여금 '지금'을 살아가지 못하게 만든다. 삶의 페이지를 넘기지 못하게 하는 것이다. 애도가 이루어지지 않은 과거는 그래서 필연적으로 하나의 운명이 되어 버린다. 삶의 모든 국면이 그/것으로 환원되기 때문이다. 이때 생의 시간은 흐르지 않는 것이나 다름없다.

압도적인 계류繫留를 야기하는 이 거대한 반복에 대응하기 위해 인류는 미소한 반복들을 동원해 왔다. 한편으로 어쨌든 해야 할 일을 하는 것, 식음을 전폐하지 않는 것이 필요해서, 그것들을 위한 반복이 정례routine라고 불린다. 식사를 준비해야 하고 설거지를 해야 하며, 청소를 해야 하고 빨래를 해야 한다. 이 일상적 반복들이 우리를 소소하게 구원한다. 혹은 다른 한편으로 생애의 행정에서 비교적 예견 가능한 상실에 대비하여 장기적인 호흡으로 마련된 반복들이 있어서, 보통 의례rituel라고 불린다. 관혼상제는 순서대로 가정에서 안온하게 양육되던 나의 상실을 애도해야 하는 국면, 성적으로 무구했던 나의 상실을 애도해야 하는 국면, 그리고 부모의―드물게는 자식의―상실을 애도해야 하는 국면에 상응한다. 관건은 애도와 생의 공외연성을 인식하는 데 있다. 삶을 삶답게 살아 낼 수 있기 위해서는 죽은 것을 정말로 죽여야 하고 상실된 것을 정말로 상실해야 한다.

*

이렇게 죽은 것을 정말로 죽이고 상실된 것을 정말로 상실하는 일이 바로 그 죽고 상실된 것에 대해 얼마나 잔혹한 사태인지, 입사introjection와 합체incorporation라는 애도의 데리다적 '이중 구속'이 감정적으로나 이론적으로 얼마나 중차대한 사태인지 당장 여기서 상론하지는 않을 것이다.[1] 단지《어바웃 타임》이 이미 훌륭하게 예시하듯 부친살해라는 오래된 신화적·철학적·정신분석학적 모티프는 최소한 삼대三代를 고려하지 않는다면 결코 그 일면성을, 그 추상성을 탈각할 수 없음을 지적하면서 우리는 정반대의 방향으로 향하는 것처럼 보이는 사변적 시도로서 프랑스 철학자 메이야수의 논의를 곁눈질한다.

메이야수는 부정의injustice를 요절mort précoce이라는 표상, 나아가 미완의 삶vie inachevée 내지 절단된 삶vie fauchée이라는 표상과 연결하고 이에 따라 애도를 정의justice와 직결시켜 사고한다. 유산流産이라는 사례는 절단된 삶이 근본적으로 부당함을, 그리고 애도란 개개의 유품이나 흔적에 관한 것이기 이전에 하나의 생 자체에 관한 것임을 직관적으로 보여 준다. 유산의 체험은 무엇을 잃어버렸는지 잘 모르겠지만 무한히 부당한 상실의 체험이다. 무언가 막대한 것이 상실되었는데도 그 상실은 전혀 구체적이지 않고 그렇기 때문에 더욱 부당하다. 이 경우 상실된 것은 어떤 잠재성 자체인 생이다. 유산의 슬픔은 잠재태의 슬픔이다. 이 슬픔의 상관물은 과거의 무게나 더께가 아니라 미처 개시되지 않은 장래 자체다.

메이야수적인 애도의 윤리는 이런 연쇄를 일관되게 밀어붙여 불멸immortalité의 윤리, 부활renaissance의 윤리가 된다. 일견 생각될 법한 바와 달리 이것은 어디까지나 철저하게 내재적인 윤리로, 피안에서의 또 다른 생이나 영생sempiternité의 가능성을 모색하는 사고방식이 아니다. 지금 여기에서 불멸해야 하고 지금 여기에서 부활해야 한다. 이것은 또 다른 삶이 없고 별도의 초월적인 심급이 없는 윤리, 내세나 피안이 없는 윤리다. 이것을 메이야수는 간단히 "다른 곳이 없는 삶la vie sans ailleurs의 윤리"²라고 쓴다. 인간은 철저하게 정의롭고자 한다면 "불멸하기 때문에 피안이 없는 인간의 삶"³을 희망할 수 있을 뿐만 아니라, 그런 삶을 누리는 인간으로서의 부활을 응당 희망해야 한다. 정의는 진정으로 보편적이기 위해서 우선 망자mort와 생자vivant를 막론해야 하는데, 만약 섣부른 죽음을 맞이한 망자들을 그들이 겪은 부당함injustice에서 구해 내고자 한다면 불멸과 부활 외의 다른 선택지는 없다. 그래서 "진정한 애도deuil essentiel"는 "진정한 유령들spectres essentiels과 함께 살아가는 것이지 그들과 함께 죽어 가는 것이 아니다."⁴

메이야수 자신의 독특한 존재론 한가운데에서 착상되는 그의 윤리학을 개괄하거나 그 가능성을 구체적으로 타진하는 것은 본고의 목표가 아니다.⁵ 당장은 애도로서의 정의의 보편성이 망자와 생자를 막론해야 함을 인식하는 것으로, 따라서 단적인 망자도 단적인 생자도 아닌 유령을 사유의 환원 불가능한 범주로 삼는 것으로 족하다.

> 유령이란 무엇인가? 그것은 우리가 애도하지 못한 망자, 우리를 떠나지 않는 망자, 우리에게 엄습해 오는 망자, 강의 지편으로 건너가기를 거부하는 망자다.⁶

《어바웃 타임》의 주인공 팀은 그 자신이 강의 저편으로 건너갈 능력을 지닌 생자였기 때문에 유령을 유령으로 만드는 부당함injustice을 생생하게 체험했던 것뿐이다. 부친의 정의와 자식의 정의, 즉 과거를 위한 정의와 장래를 위한 정의 중 어느 한쪽을 골라야만 한다면 결과적으로 정의는 완수되지 않는다. 그리고 애도가 죽은 자에게 정당한juste 자리를 찾아 주는 작업인 한에서 애도 역시 완수되지 않는다.[7] 진정한 호상好喪이라고 할 만한 죽음 외의 모든 죽음은 요절이기에 부활renaissance을, 즉 다시 한번 살아간다는 의미에서의 재-활re-naissance를 요구하기 때문이다. 그러나 진정한 호상이란 가능한 것일까? 섣부르지 않은 죽음이 과연 존재할 수 있을까?

"입사와 합체 사이에서 사실상으로도 권리상으로도 종결될 수 없는 어떤 애도의 (…) 장소론"[8]이 이제 더욱 격화되어야 한다. 더 이상 애도라는 사무가 단순히 부재하는 망자와 현존하는 상속자 사이의 것일 수 없기 때문이다. 애도는 떠난 망자와 도래할 상속자, 즉 두 '현존하는 부재자' 사이에서 끝을 가늠할 수 없는 교섭의 사무가 된다. 그들은 이미 우리를 떠났거나 아직 우리에게 도착하지 않았다는 측면에서라면 부재하지만, 여전히 그리고 벌써 우리를 사로잡고 있다는 측면에서라면 적실히 현존한다.

*

데리다는 유령성spectralité이라는 개념을 통해 현존과 부재라는 이항대립을 파훼시키면서 돌파하고자 한다. 간단하게 말하면 그것은 현존하는 부재, 더 정확히는 자기 자신의 부재를 증언하는 현존이다. 데리다는 이를 매체라는 주제와 직접적으로 연동시킨다.

> 우리는 여기에서 우리의 현재가 분할되는 것을 보게 됩니다. 생생한 현재 자체가 스스로 분할되는 것이지요. 지금 이 순간부터 이 현재는 자기 자신 안에 죽음을 포함하게 되고, 자신의 직접성 속에 어떤 식으로든 자신의 사후까지 살아남게 될 어떤 것을 재기입하게 됩니다. 이 현재는 자신의 삶 속에서 그 삶vie과 삶을 넘어서는 삶survie 사이에서 분할됩니다. 이러한 분할이 없이는 어떠한 이미지도 존재하지 않을 것이며, 촬영도 존재하지 않을 것입니다. 자신의 유령을 자신 안에 포함하고 있는 생생한 현재의 이러한 분열, 이러한 분할 가능성이 없이는 어떠한 기록도 존재하지 않을 것입니다. 유령, 즉 환영, 망령 또는 이미지의 가능한 이미지 말입니다.[9]

기록écriture의 철학자 데리다가 예감한 대로 오늘날 기록은 텍스트, 이미지, 비디오 등 종류를 막론하고 엄청난 기세로 증식하고 있다. 스마트폰이라는 간편한 도구를 통해 걷잡을 수 없이 가속화된 이와 같은 기록의 증식은 결과적으로 유령성을 살찌운다. 나는 어디에나 있으면서 어디에도 없다. 온갖 종류의 추문이 부정적인 방식으로 증언하듯 나는 나의 기록, 분신, '유령'이 유통되는 방식, 경로, 장소를 결코 통제할 수 없다. 이런 의미에서 보면 나의 유령은 이미 존재하며, 내가 죽고 사라져도, 내가 부재해도 잔존할 예정이다.

그런데 유령성이 애도라는 문제의 주변에서 가공할 만한 형태로, 어쩌면 단순히 역전된renversé 형태가 아니라 완전히 까뒤집힌inversé 형태로 실현될지도 모른다는 가능성을 우리는 목도하고 있다. 우리는 이미 우리의 유령으로서 존재한다. 그래서 결론부터 말하면, 망자는 정말로 우리를 떠나지 않을지도 모르며, 이와 맞물려 우리는 망자를 영영 떠나보내지 못할지도 모른다. 죽은 자들을 현실과 거의 구별할 수 없는 해상도로 기록하고 생생하게 재현할 수 있게 되었기 때문이다. 한참 전부터 미래학자 커즈와일Raymond Kurzweil은 우리의 정신을 '업로드'함으로써 영생을 누릴 수 있을 것이라고 주장하고 있다.

설령 그런 정신·영혼·유령의 복제가 아직 가능하지 않다 할지라도 2020년에 MBC는 벌써 VR 휴먼다큐멘터리 《너를 만났다》에서 첨단의 기술을 동원하여 강령술과 거의 비슷한 일을 도모했다. 《너를 만났다》의 제작진은 혈구탐식성 림프조직구중으로 세상을 뜬 일곱 살 나연이를 가상현실 virtual reality로 되살려 나연이를 애타게 그리던 엄마와 재회시켰다. 이를 가능케 한 각종 기술의 급격한 발전은 '페이크 뉴스' 따위를 생산하기 위해 악용될 때보다 상실로 다친 마음을 어루만지기 위해 선용될 때 오히려 더 심원한 문제를 야기하는 것처럼 보인다. 어느 누군들 떠난 친지를, 부모를, 자식을 보고 싶지 않겠는가? 실제로는 더 이상 볼 수 없게 된 그들을 무척이나 생생한 형태로, 외모부터 말투까지 꼭 닮은 형태로 다시 만날 수 있게 될 때, 아도르노와 데카르트가 말한 바를 진지하게 재고해야 할 것이다.

아도르노는 행복한 꿈은 꿈이라는 사실만으로도 상처의 흔적을 간직하고 있다고 말한다. 왜냐하면 우리는 결국 그 꿈에서 깨어나야 하기 때문이다. 데카르트는 행복한 과거는 과거라는 사실만으로도 슬픔의 원인이 된다고 말한다. 그것은 지나간 행복이기 때문이다. 이것이 우리의 근원적 유한성으로, 이 유한성의 다른 이름은 시간이다. 데리다는 동일한 궤에서 다음과 같이 덧붙인다. "행복한 순간들은 (…) 저를 죽음에 대한 사유를 향해, 죽음을 향해 내던집니다. 그것들은 지나갔으니까요, 끝났으니까요."[10] 그러나 행복한 꿈에서 영원히 깨지 않을 수 있다면, 행복한 과거가 영원히 지나가지 않을 수 있다면, 우리는 그런 무한한 행복에 과연 저항할 수 있을까? 헤어 나올 수 없는 순간 속에 매몰된 자기 자신 말고는 다른 누구에게도 해를 끼치지 않는 이 행복을 우리는 규제해야 할까? 규제해야 한다손 쳐도 과연 규제할 수 있을까? 이 '행복한' 애도 속에서는 장래 전체가 과거에 의해 잠식된다. 즉 유령의 체험은 "도래할-것à-venir으로서의 과거의 '체험'"[11]이기를 그치고 장래avenir 자체를 계속해서 과거의 편으로 내던지는 체험이 된다. 역설적이게도 우리는 지극히 생생한 현재 속에서 유령들과 함께 죽어 가게 되는 것이다.

1987년 「유령들의 춤사위La danse des fantômes」라는 대담에서 데리다는 대학의 강의 현장에 영상 기록 장치가 도입되는 정황에 대해 논하면서 다음과 같이 말한 적이 있다.

> '책의 종말' 이후에, 투명하고 직접적인 음성 언어가 강림하는 것이 아닙니다. 오히려 텍스트의 다른 구조들이, 텔레-에크리튀르의 다른 구조들이 도입되는 것이죠. (…) 저는 이미지, 텔레비전, 텔레커뮤니케이션, 컴퓨터 등 새로운 기록 기술들의 전개에 저항해서는 '안 된다'고 믿습니다. (…) 저기에 (…) 기록 저장 장치가 있다고 말하면서, 공간에 아무런 변화를 주지 않고 아무렇지도 않게 예전처럼 말하기를 계속해서는 안 됩니다. (…) 법칙들을 바꿔야 합

니다.[12]

동일한 논리가 애도에 대해서도 고스란히 타당해야 할지도 모른다. 저기에 기록 저장 장치가 있다고 말하면서 애도의 공간에 아무런 변화를 주지 않고 아무렇지도 않게 예전처럼 애도할 수 있을까? 녹음된 부모의 목소리를 무한히 반복하는 자식들 혹은 녹화된 아이의 영상을 닳도록 재생하는 부모들. 우리는 지금 애도의 법칙들을 새로이 발명해야 하는 국면에 이르렀다about time. 기왕의 애도를 그저 답습해서는 안 된다. 애도 자체를, 따라서 상속 자체를 다시 상속해야 한다. 누군가, 무언가, 누군가의 무언가를 상속하기 위해서 선별과 여과의 과정이 불가피하다는, "망각, 배제, 살해"가 불가피하다는 단순한 진리로 되돌아감으로써 애도를 재개해야 한다.

> 하나의 유산은 결코 회집되지 않는다. 그것은 절대로 자기 자신과 하나를 이루지 않는다. 유산의 통일성은, 그런 게 있다손 치면, 오로지 선택하면서 재승인하라는 명령으로 이루어진다. 해야 한다는 것은 거르고 선별하고 비판해야 한다는 것을, 저 동일한 명령 안에 거주하는 여러 가능성들 중에 골라내야 한다는 것을 뜻한다.[13]

이것이 데리다가 『마르크스와 유령들』에서 끈질기게 고집하는 "유한성의 조건"(47쪽)이자 "유한성의 법칙"(177쪽)이다. 그런데 《어바웃 타임》은 유한하기 때문에 근본적으로 부당하고 부정의하며 불공평한 이 선택이 무엇보다도 과거와 장래 사이에서의 선택임을 가르쳐 준다. 애도와 상속은 단순히 과거에 대한 사무로 국한될 수 없다. 왜 애도하고 상속해야 하는가? 상실된 대상과 함께 절멸해 버리지 않고 더 살기 위해서, 즉 장래를 긍정하기 위해서다.

팀이 과거로 되돌아가는 능력과 더불어 상속한 것은 바로 이런 장래에 대한 긍정이었다. 팀은 아버지 제임스가 팀 자신을 위해 했던 것을 자기 자식을 위해 반복한다. 서로 결은 약간 다르지만 팀과 제임스가 과거를 고쳐 쓰는 일을 포기하는 것은 모두 자식이라는 '도래한 타자를 위해서'다. 누구를 상속해야 하는지, 누군가가 남긴 이것과 저것 중 무엇을 골라 상속해야 하는지, 바로 그 이것과 저것을 어떤 여과를 거쳐 재취reprendre해야 하는지 등이 쟁점이기 이전에, 애도라는 논제에서 관건은 이처럼 상속이 장래를 향해서 실행된다는 사실을 인식하는 데 있다.

물론 이는 장래를 편애하면서 과거를 단적으로 버려야 한다는 뜻이 아니다. 과거를 과거로서 지나가게 두는 것은 결코 단순한 망각, 방치, 이별이 아니다. 교착어법으로 반복하자면 팀과 제임스는 자식이라는 도래한 타자를 위해서 '과거를 고쳐 쓰는 일을 포기'한다. 그들은 다름 아니라 장래를 긍정하기 위해서 우선 과거를 긍정해야 했던 것이다. 이 두 긍정은 서로 비대칭적인 관계에 놓여 있다 할지라도 하나의 동일한 사무의 두 측면이다. 우리가 앞서 과거에 대한 장래의 거의 절대적인 요구라고 일컬었던 것은 실은 과거를 그대로 추인追認하라는 요구였던 셈이다. 따라서 메이야수가 주창하는 바의 보편적인 정의, 망자와 생자를 가리지 않고 구원할 만큼 실로 보편적인 정의가 성취되기 이전까지 우리는 이 부정의한 애도를 끈질기게 연습해야 한다. 애도와 생의 공외연성을 고려한다면 이것은 시간 자체에 관한about time 이야기이기도 하다.

1 이 점에 관해서는 자크 데리다, 『마르크스의 유령들』(진태원 역, 서울: 그린비, 2014, 389쪽)에 나오는 애도에 대한 진태원의 해설을 보라.

2 퀑탱 메이야수, 『신적 비실존(L'inexistence divine) inédit』, p. 289.

3 같은 책, p. 290.

4 뒷장(「도래할 애도, 도래할 신」), 162-163쪽.

5 해당 논점에 대한 메이야수의 본격적인 논의로는 미출간 박사논문인 『신적 비실존』의 3부를, 간략한 소개로는 「도래할 애도, 도래할 신」을 보라.

6 뒷장(「도래할 애도, 도래할 신」), 161쪽.

7 기실 데리다는 다음과 같이 쓴다. "애도는 남은 것들을 존재론화하고, 남은 것들을 현존화하려고 시도하는 것, 일차로 유품들의 신원을 확인하고 죽은 이들을 어떤 장소에 배치하려고 시도하는 것이다. (…) 알아야 한다. 그것을 알아야 한다. 그런데 안다는 것은 누구와 어디서를 아는 것이며, 그것이 누구의 신체인지, 그것이 어떤 장소를 차지하고 있는지 아는 것이다. 왜냐하면 그것은 자신의 장소에 머물러야 하기 때문이다. 확실한 자리에." 자크 데리다, 『마르크스의 유령들』, 31-32쪽.

8 자크 데리다, 『마르크스의 유령들』, 194쪽.

9 자크 데리다·베르나르 스티글러, 『에코그라피』, 김재희·진태원 공역, 서울: 민음사, 2014, 95쪽.

10 자크 데리다·장 비른봄(Jacques Derrida et Jean Birnbaum), 『마침내 사는 법을 배우기(Apprendre à vivre enfin)』, Paris: Galilée, 2016, p. 55. 국역으로는 언태엽의 『마침내 사는 법을 배우기』를 보라.

(https://blog.naver.com/limitedinc/221386299424)

11 자크 데리다, 『마르크스의 유령들』, 14쪽.

12 자크 데리다 외, 『보지 않기를 생각하기(Penser à ne pas voir)』, Paris: Éd. de la Différence, 2013, p. 311.

13 자크 데리다, 『마르크스의 유령들』, 46-47쪽.

도래할 애도, 도래할 신

퀑탱 메이야수

김민호 역

> "모든 인간은 두 가지를 소유한다,
> 하나의 삶과 하나의 환영(幻影)."
>
> 에드워드 타일러, 『원시 문명의 종교』

유령 딜레마

유령이란 무엇인가? 그것은 우리가 애도하지 못한 망자, 우리를 떠나지 않는 망자, 우리에게 엄습해 오는 망자, 강의 저편으로 건너가기를 거부하는 망자다. 강의 저편에서 죽은 자들은 멀리까지 우리와 동행하며, 덕분에 우리는 그들을 잊지 않은 채 우리 자신의 삶을 살 수 있게 된다. 그들의 최후의 순간을 끝도 없이 되풀이하거나 그들 고유의 죽음[으로] 죽어 버리거나 하지 않는 것이다. [그렇다면] 진정한essentiel 유령, 탁월한 유령이 된 유령이란 무엇인가?[1] 그것은 우리가 그 죽음을 애도할 수 없는 망자다. 그것은 생자들이 그와 평안한 관계를 도모할 수 없는 망자, 애도의 작업이, 시간의 경과가 그럴 만큼 충분히 이뤄질 수 없는 망자다. 이 망자는 비단 가까운 이들, 친밀한 이들에게만 제 죽음을 두렵게 여기기를 요구하지 않는다. 그는 자기의 역사적 궤적을 지나치는 모든 이들에게 그렇게 하기를 요구한다.

진정한 유령, 그것은 끔찍한 망자다 섣부른 죽음, 흉물스러운 죽음, 아이의 죽음, 자식들이 자신과 같은 운명에 바쳐질 것을 알고 있는 부모의 죽음 등등. 자연사든 변사든, 그 죽음을 맞이한 자들이나 그 죽음 이후에 살아남는 자들 모두 감내할 수 없는 죽음으로 죽어 간 망자들. 진정한 유령은 자기가 속한 저편으로 돌아가기를 계속해서 거부하는 망자이자, 고집스레 수의를 벗으면서 생자들에게, 그 모든 명백함에도 불구하고, 자기의 자리는 여전히 그들 가운데 있노라고 선언하는 망자이다. 이 유령들의 종말은 아무런 의미를 품고 있지 않고, 아무런 완수를 수반하지 않는다.[2] 꼭 복수를 부르짖는 인영人影인 것도 아니다. 유령들은 여하한 복수의 너머에서 부르짖는 인영들이다. 자칫 그들에게 귀를 기울이는 자는 그들의 불평을 듣느라 삶을 허비할 위험이 있다.

우리는 진정한 유령에 대한 애도의 완수를 진정한 애도라고 부를 것이다. 이는 곧 생자가 끔찍한 망자들과 맺는, 병적이지 않고 생생한 관계다. 진정한 애도는 죽은 자들과 깨어 있는 관계를 맺을 가능성을 전제하고 있다. 이 관계는 우리를 그들의 운명과 마주할 때 느껴지는 희망이 없는 무서움—이건 또 이것대로 죽을 정도로 괴로운 것이다—속에 처박는 게 아니다. 정반대로 그것은 그들의 기억과 우리의 실존을 능동적으로 직조한다. 진정한 애도를 완수한다는 것은 진정한 유령들과 함께 살아가는 것이지, 그들과 함께 죽어

가는 것이 아니다. 그것은 유령들이 생자의 환영이 되게끔 그들에게 귀를 기울이는 게 아니고, 대신 그들이 살아가게끔 만드는 것이다. 우리에게 제기되는 물음은 그러니까 다음과 같은 것이다. 진정한 애도는 가능한가? 만약 가능하다면, 그 조건은 무엇인가?

흉물스러운 죽음들이 역사에 넘쳐났던 20세기의 끝자락에서, 우리는 사라진 자들, 대개 우리가 알지 못하는 자들, 그럼에도 우리의 삶이 비밀스럽게 갉아 먹히지 않기에는 너무나 가까운 그들과 병적이지 않은 관계를 살아 낼 수 있는가? 일견 우리는 이 물음에 부정적으로 대답해야 할 것처럼 보인다. 기실 진정한 애도란, 죽은 자들과의 관계가 우리에게 허락하곤 하는 일반적인 대당을 참조한다면, 도모할 수 없는 것이다. 이 대당을 간략하게만 말하면 이렇다. **신**Dieu은 실존한다, 또는 **신**은 실존하지 않는다. 혹은 더 일반적으로는 인류를 초월하는 자비로운 원리가 죽은 자들을 위한 정의의 담지체로서 세계와 그 피안에서 작동한다, 또는 그런 원리는 없다. 그런데 무수히 많은 의미로 이해될 수 있는 이 두 선택지―편의를 위해 이 두 선택지를 종교적인 선택지와 무신론적 선택지라고 부르자―에서 어느 쪽도 진정한 애도를 완수하도록 허락하지 않는다. **신**이 실존한다고 말하든, **신**이 실존하지 않는다고 말하든, 그렇게 말함으로써 무엇을 생각하든, [그것들은] 유령들을 마주하여 절망하는 두 방식일 뿐이다. 진정한 애도[를 허락하느냐]를 기준으로 했을 때 이 입장들 각각의 가장 강력한 응답처럼 보이는 바를 변론의 형태로 직접적으로 설명함으로써 이를 보일 수 있겠다.

종교적인 변론은 다음과 같으리라.

'나는 나 자신의 죽음을 감내할 수 있기를 바란다. 하지만 끔찍한 망자들의 죽음은 아니다. 나로 하여금 **신**의 실존을 믿게끔 만드는 것은 그들의 지나간 죽음에 대한, 되돌이킬 수 없게 지나간 죽음에 대한 공포이지, 나의 가까운 종말에 대한 공포가 아니다. 물론 나의 죽음이 혹여 끔찍하다면, 나는 내가 유령들에게 바라던 바를 나 자신에게 바라면서 죽어 갈 것이다. 하지만 이는 내가 오로지 유령이 될 것으로서만 나 자신이리라는 소리다. 나는 나 자신에 대해, 그리고 다른 이들에 대해 [내세, 부활, 영을 믿지 않는] 사두개인이 될 수 있다. 하지만 유령들에 대해서만큼은 나는 계속해서 [그런 것들을 믿는] 바리새인일 것이다. 혹은 나아가 나는 나 자신에 대해서는 엄밀하게 무신론자일 수 있고 영생을 믿지 않을 수 있다. 하지만 나는 그들에 대해서는 그럴 수 없다. 왜냐하면 과거의 무수한 유령들에 대해 여하한 정의가 불가능하다는 생각은 나를 내밀하게 파괴하고, 이에 따라 나는 생자들에게 헌신할 수 없을 지경이 되기 때문이다. 물론 도움이 필요한 것은 망자가 아니라 생자다. 하지만 망자들에게 정의를 바라는 마음이 아니라면 결국 생자를 돕는 일도 지탱할 수 없게 된다. 무신론자는 이를 부정할 수 있기야 할 것이다. [그러나 종교적인 인간인] 나로서는, 내가 그걸 포기해 버린다면, 더 이상 살아갈 수 없을 것이다. 나는 망자들에 대해서도 무언가를 희망하고 싶다. 그렇지 않다면 삶은 허망하다. 그 무언가란 또 다른 삶une autre vie이고, 살아갈 또 다른 기회, [그들이] 자신의 그 죽음이 아닌 다른 무언가를 살아갈 기회다.'

이에 무신론적 답변은 다음과 같으리라.

'너는 망자들에 대해서도 무언가를 희망하고 싶다고 말한다. 그렇다면 네가 그들에게 약속하는 게 무엇인지 더 면밀히 보자. 너는 저-세계outre-monde의 정의를 바란다. 그런데 그것은 무엇으로 이루어져 있는가? 그건 변사의 경우라면 악이 저질러지게끔 내버려두었던 **신**, 자연사의 경우라면 바로 그걸 촉발했던 그 **신**의 통치하에 이뤄지는 정의일 것이다. 너는 바로 그 **신**이 정의롭다고, 선하다고 하는 것이다. 하지만 남자, 여자, 아이들을 쉽게 구원할 수 있었으면서도 최악의 조건 속에서 죽게끔 내버려두는, 심지어는 바로 그런 곤경 속에 직접 **빠뜨리는** 주제에 정의롭고 상냥하다고 일컬어지는 어떤 존재가 군림하는 아래 영원히 살아가리라는 약속에 대해 너는 어떻게 생각하는가? 게다가 **신**은 그것이야말로 자신이 괴롭히는 피조물에 대한 그의 무한한 사랑, 그러니까 신비롭고도 깊은 사랑의 표식이라고 말한다. 그렇게 전도된 존재, 사랑이나 정의처럼 가장 고귀한 어휘들을 가장 흉물스러운 행동으로 망가뜨리는 존재 아래 살아간다는 것은, 다름 아니라 지옥의 규정이 아닌가? 그런 **신**이 현전하시면 내가 그의 피조물에 대한 처사가 품고 있는 무한히 상냥한 점을 찬란함 속에서 붙들게 되리라고 너는 내게 말하는 것인가? 너는 네가 약속한 악몽을 심화시킬 뿐이다. 기실 너는 그 존재에게 어떤 역량, 즉 나를 영적으로 무척이나 급진적으로 변화시켜 내가 그런 잔혹함이 있게끔 내버려둔 **신**을, 바로 그렇게 잔혹함이 있게끔 내버려두었다는 이유로 그를 사랑하도록 만드는 역량이 있다고 전제하고 있다. 그것은 단순한 육신의 죽음보다 무한히 더 나쁜, 영적인 죽음의 약속이다. 나는 **선함**을 사랑하기를 멈추게 될 것이다. 왜냐하면 **신**은 **악**을 마치 **선**인 것처럼 사랑하게 만드는 힘을 가질 것이기 때문이다. 만약 **신**이 실존한다면, 망자들의 운은 무한히 나빠지는 것이다. 망자들의 육체적 죽음은 그들의 영적인 죽음으로 배가된다. 당신이 그들에게 바라는 이 지옥에 비하면 차라리 아무것도 없는 편이 낫다. 나에게도 그들에게도 그렇다. 아무것도 없다면 망자들은 평화롭게, 존엄하게 남겨

질 것이다. 너의 냉혈한 데미우르고스Démiurge의 **전능**에 굴종하지 않아도 될 것이다.'

우리는 이 두 입장 각각이 오로지 상대방의 결함에 의해서만 지탱될 수 있음을 본다. 무신론자는 종교가 무서운 **신**을 약속하기 때문에 무신론자이고자 하고, 신자의 신앙은 끔찍한 망자들의 절망으로 황량해진 삶을 거부하기 위한 것이다. 각각은 상대방이 [상대방 자신의] 절망을 [모종의 방식으로] 모면함을 드러냄으로써 자신의 고유한 절망을 감춘다. 그러니까 딜레마는 다음과 같은 것이다. 망자들의 또 다른 삶과 관련한 절망이거나, 그런 죽음들이 일어나게 내버려둔 **신**과 관련한 절망이거나.

우리는 무신론과 종교가 진정한 유령의 애도와 맞닥뜨렸을 때 [발견되는] 양자 사이의 아포리아적인 대당을 유령 딜레마라고 부를 것이다.[3] 이 아포리아적 대당의 한가운데에서 우리는 극단적인 악을 방임하고 산출하고서는 그것을 사랑이라고 부르는 **신**의 신비와 **신**이 없는 삶의 부조리 사이에서 진동하게 된다. 이것들은 진정한 애도의 완수에 실패하는 두 가지 형태다. 이와 정반대로 종교적이지도 않고 무신론적이지도 않은 어떤 입장, 그럼으로써 그 대당에 내재한 이 이중적 절망으로부터 빠져나오는 어떤 입장을 우리는 유령 딜레마의 해소라고 부를 것이다. 이는 망자들을 위한 정의가 있다고 믿을 수 없어 절망하는 것이고 정의라곤 없는 **신**을 절망적으로 믿는 것이다. 진정한 애도의 가능성에 대한 물음은 그러니까 다음과 같은 형식으로 다시 제기된다. 우리가 유령 딜레마의 해소를 희망할 수 있는 조건은 무엇인가? 어떻게 무신론과 종교적인 것의 이중적인 비참함에서 벗어나 생자와 망자 사이의 관계를 사유할 수 있는가?

이 물음에 대해 가능한 하나의 응답을 소묘하기 위해서는 다음과 같이 나아갈 필요가 있다. 우리는 딜레마의 해결을 위한 조건들을 명시하고 그것이 신뢰도의 면에서 이론적으로 얼마나 정당한지 가늠해야 한다. 물론 그 해결이 결국에는 가상적인 것으로 밝혀질 수도 있다는 [가능성을], 무신론과 종교라는 대당으로부터 빠져나오기를 결국 포기해야 할지도 모른다는 [가능성을] 우리는 배제하지 않는다. 하지만 결과적으로 있게 될지도 모르는 이 포기는 해결책을 정확하게 검토하는 데서, 오로지 거기에서만 비롯되어야 한다. 우리는 이를 전체적으로 제시할 수 없기에 그저 해명에 착수한 것으로 만족할 것이다.

딜레마를 해소하기 위한 조건: 신적 비실존

딜레마를 해소하기 위한 조건들 중 '형식적'이라고 할 만한 것을 해명하면서 시작하자. 형식적 조건들은 앞선 두 입장들 (무신론적인 것과 종교적인 것)의 환원 불가능한 정당성의 일부가 되는 동시에, 아포리아의 원천이 된다. 우리가 보기엔 딜레마의 입장들 각각은 사실 진정한 애도의 불가결한 요소를 내보인다.

– 종교적 입장은 망자들에게 죽음이 아닌 다른 것을 희망할 수 있을 때에만 애도가 가능하다고 주장한다. 유령들은, 그들이 다시금 우리가 있는 쪽으로 돌아오기를 희망할 수 있을 때에만, 강의 저편으로 간다.

– 무신론적 입장은 **신**의 실존이 그런 희망을 세공하는 데 극복 불가능한 장애가 된다고 주장한다. 왜냐하면 오로지 전도된 **신**만이 끔찍한 죽음을 허락할 수 있고, 한층 더 전도된 **신**만이 그렇게 한 것을 이유로 사랑받을 수 있기 때문이다.

아포리아는 이 동등하게 불가결한 두 조건들이 양립할 수 없는 것처럼 보인다는 데서 비롯된다. 이 궁지는 오로지 한 가지 방식으로만 제거될 수 있다. 이 조건들 사이의 양립 불가능성이 오로지 외관상의 것임을, 종교적이지도 무신론적이지도 않은 세 번째 선택지가 존재하며 이것은 응답의 두 요소를 일관되는 방식으로 묶어 낼 수 있음을 보여 주어야 한다. 이렇게 우리의 길이 그려진다. 딜레마의 해소는 망자들의 부활 가능성과 **신**의 비실존을 (즉 해소의 종교적 조건과 무신론적 조건을) 접합하는 언표를 사유할 수 있게 만드는 일로 귀착된다. 우리는 이제 우리의 사무가 될 다음과 같은 언표 안에서 이 두 요소를 종합할 것이다.

신은 아직 실존하지 않는다.

이 언표는 우리가 신적 비실존의 테제라고 이름 붙일 테제를 정식화한다. 이 표현은 그 모호성이 허락하는 두 가지 의미로 이해되어야 한다. 우선 신적 비실존은 직접적인 방식으로 종교적인 신의 비실존을 뜻한다. 이는 또한 형이상학적 신의 비실존이기도 하다. 형이상학적 신은 세계의 **창조주**나 **원리**라는 자격으로 현행적으로 실존한다고 가정되는 신이다. 하지만 신적 비실존은 또한 비실존이 신적인 성격을 지니고 있음을 뜻하기도 한다. 달리 말하면, 당장의 현실 안에서는 잠재적인 상태로 머물고 있는 무언가가 아직 도래할 것으로 있는 **신**의 가능성, 세계의 재앙에 대해 무구한 **신**의 가능성, 유령들에게 그들의 죽음이 아닌 다른 무언가를 선사할 역량을 지니고 있기를 우리가 희망할 수 있는 그런 **신**의 가능성을 품고 있다는 사실을 뜻한다.

신적 비실존의 입장은 유령 딜레마가 가진 외관상의 해결 불가능성의 원천을 파악하게끔 허락한다. 그것은 무신론과 종교가 모든 가능성들을 소진시키는 대당을 이루는 것으로 보인다는 사실과 결부되어 있었다. **신**은 실존하거나, 하지 않는다. 하지만 두 테제는 실제로는 그 사실상의 언표들보다 더 강한 것이다. 왜냐하면 그것들은 **신**의 비실존 혹은 실존이 필연적이라고 전제하는 데서 그 의미를 길어 내기 때문이다. 무신론자가 된다는 것은 신이 실존하지 않는다는 걸 주장하는 데 그치는 것이 아니다. 그것은 신이 실존할 수 없다고 주장하는 것이기도 하다. [반대로] 신자가 된다는 것은 신의 진정한 실존을 믿는 것이다. 따라서 우리는 신적 비실존이라는 테제가 그런 대당에 맞서기 위해서 양상을 전장터로 삼아야 한다는 걸 보게 된다. 관건은 **신**이 가능하다고 주장하는 데 있다. 이는 주관적이고 현행적인 의미에서가 아니다(신이 현행적으로 실존하는 일이 아무리 불확실할지라도 가능하다고 주장하는 것). 이는 객관적이고 미래적인 의미에서다(신이 장래에 실제적으로 산출될 수 있다고 주장하는 것). 쟁점은 신과 필연성 사이의 무신론이거나-종교적인 연결(**신**은 실존해야 한다 혹은 **신**은 실존하지 않아야 한다)을 풀어 헤치고 이를 잠재성(**신**은 실존할 수도 있다)과 다시금 연결하는 데 있다.

물음은 이렇게 더 정확해진다. 유령 딜레마의 해소는 신적 비실존의 의미를 해명하는 일로 귀착되는 동시에, 신적 비실존을 고집하는 것의 정당성을 확립하는 일로 귀착된다.

'**신**은 아직 존재하지 않는다'는 테제는 차례로 연구되어야 할 두 가지 의미 축에 따라 분해될 수 있다.

1. '아직 아님'은, 신이 아직은 아닐 수 있는 일들 가운데 하나로 사고되기 위해서는, 어떤 의미여야 하는가? 이런 검토는 진정한 애도와 양립할 수 있는 어떤 시간[성]의 의미를 사유하는 일로 귀착된다. 신성함을 세 가능한 일들 중 하나로 함유하고 있는 시간이란 무엇인가? 그리고 그것의 실제성에 대한 우리의 믿음을 정당화할 수 있는 건 무엇인가?

2. '신'이라는 기표는 우선 신이 아직 실존하지 않는 것으로 정립되고 나면, 가능하고 도래하는 것이되 더 이상 현행적이고 필연적이지는 않은 것으로 정립되고 나면, 무엇을 뜻하는가? 이런 검토는 특히 신성함에 관한 담화이되 영원한 **신**이라는 테제 위에 정초된 여하한 신학과는 구별되는 그런 담화의 요소들을 세공하게끔 추동한다.

이 논문의 한계 안에서라면 우리는 오로지 첫 번째 논점만을 다룰 수 있다. 그러니까 '신'이라는 말을 두고, 진정한 애도를 도모할 수 있기 위해서 필요한 최소한의 의미를 이해하는 정도가 적당할 것이다. 유령들에게 그들의 죽음이 아닌 다른 무언가가 개시되기 위한 실존의 체제가 창발한다.

흄의 문제에 대한 사변적 논의

신성한 창발이 가능한 시간이란 어떤 것일까? 그런 시간에 관한 발상을 고집하게끔 우리를 결단시킬 수 있는 건 무엇인가? 그걸 믿으려는 우리의 너무나도 명백한 욕망이 이 작업을 더 쉽게 만들기는커녕 헛된 희망을 품게 하는 여하한 변론에 대해 의심만 키울 뿐임을 알고 있으면서도 그렇게 결단하게 되는 건 무엇 때문인가?

주제가 더 첨예해지기 전에 신적 비실존의 소위 '비의적'인 의미를 떼어 놓는 것으로 시작하자. 이 의미는 도래할 구원의 기원부터 어떤 법칙이 숨겨진 채로, 당장은 알려지지 않은 채로 실존한다는 테제에 의거한다. 이 테제는 신적 비실존에 대한, 여전히 무신론적이거나 종교적인 해석으로 귀착된다. 그렇다면 관건은 재탄생의 희망을 프로메테우스적으로 죽음을 다스릴 미래의 인류—이들은 기술적으로 그걸 실현시킬 수 있다—위에 정초시키는 일이 되거나, 세계의 필연적인 신성화 과정이 이미 은밀하게 진행되고 있어서 생자에 대해서도 망자에 대해서도 보편적인 정의 안에서 정점에 이르게 되리라고 주장하는 일이 될 것이다. 어느 경우든 우리는 여하한 희망의 지반이 될 비의적인 법칙이 존재한다고 주장하게 된다. 육신이 부활하게 되는, 자연적이지만 아직 알려지지는 않은 법칙, 신성함이 점진적으로 창발하게 되는 섭리의 법칙. 이것들은 증명할 수 없는 테제들이고, 나아가 제멋대로인 테제들이다. 그것들은 어쨌거나 진지한 희망을 지탱할 수 없다.

하지만 그런 경로들을 금지하고 나면, 우리는 모색되는 **신**에 관해 그것은 실존하지 않는 것이자 가능한 것으로 정립되어야 한다고, 뿐만 아니라 그것은 오로지 우연적이고 통제 불가능한 것으로서만 인식될 수 있으리라고 말해야 한다. 이 **신**은 실은 오로지 우연적인 것으로서만 정립될 수 있는데, 이는 그것의 사유 가능성에 의해 아무것도 그것의 강림을 금지할 수 없음이 전제되는 만큼, 역으로 그 어떤 운명적 법칙도 그것의 창발을 보장한다고 전제할 수 없다는 의미에서 그러하다. 기실 그런 전제는 이론적으로 언제나 상궤를 벗어난 것으로 머문다. 신은 존재할 수 있어야 한다Il doit pouvoir être. 그러나 그것이 존재하게끔 강제하는 무언가는 사유될 수 없다. 그리고 이 **신**은 그 강림 속에서 통제할 수 없게 될 뿐이다. 그것이 자연을 절대적으로 지배하려는 인간의 환상적 의지 전체를 초과해야 한다는 의미에서 그렇다. 죽음을 정복하는 프로메테우스도, 도래할 신의 섭리도 해소를 위한 희망을 정초할 수 없다. 그 두 가지는 유령 딜레마를 맞닥뜨려 더 격화된 무신론, 더 격화된 종교적인 것의 판본들일 뿐이다.

이에 따라 우리는 다음과 같은 가설들을 획득된 것으로 간주한다.

1. 자연법칙은 사라진 자들의 도래할 재탄생을 진지하게 희망하도록 허락하지 않는다.

2. 현행적으로 작동하는 중인 것이든, 나타나려는 과정 중에 있는 것이든, 자연법칙을 초월하는 **질서**, 생자와 망자 모두를 위한 정의를 실어 나르는 어떤 질서에 희망을 거는 것도 안 된다.

그렇다면 우리에게 남은 출구란 무엇인가? 이 물음에 답하기 위해서는 이러한 가설들에서 진정한 애도에 장애물이 되는 게 무엇인지 규정하는 것으로 충분하다. 내가 자연적인 법칙이 됐든 초자연적인 법칙이 됐든 나의 희망을 이어 나갈 수 있는 어떤 법칙이 존재한다는 생각을 포기한다면, 유령 딜레마의 해소를 희망하는 걸 금지시키는 것처럼 보이는 건 무엇인가? 답은 자명하다. 만약 존재하는 것은 딜레마를 해소할 능력이 없는 자연법칙뿐이라는 걸 내가 인정한다면, 나아가 자연법칙의 필연성을 내가 인정하는 한에서는—그러나 오로지 그런 한에서만—이 딜레마는 해결 불가능하다. 진정한 애도를 가로막는 장애물은 자연의 법칙들과 신성함 사이의 양립 불가능성이 아니다. 장애가 되는 것은 저런 법칙들의 필연성에 대한 믿음이다. 확인된 상수들을 논박하는 여하한 사건과 마찬가지로 신의 실존 역시 불가능하다는 무신론적 믿음을 정초하는 것은 물론 이 양상적인 테제다.

따라서 우리가 다뤄야 할 첫 번째 물음은 다음과 같다. 법칙들의 필연성에 대한 나의 고집을 정초하는 것, 이에 따라 이 법칙들을 급진적으로 논박하는 가능한 모든 사건에 대한 나의 거부를 정초하는 것은 무엇인가? 그런데 이 문제는 잘 알려져 있는 것이다. 왜냐하면 이는 다름 아니라 인과의 필연성에 관한 우리의 믿음의 합리적 정당화를 두고 흄이 제기했던 물음에 해당하기 때문이다. 우리는 결과적으로 이 물음에 새로이 대처해야 한다. 하지만 우리는 그 전통적인 논의의 '반대 전선에서' 이를 다뤄야 한다.

해명하자. 인과의 필연성에 관한 물음을 제기하는 보통의 방식은 흄 자신이 정식화한 의문에서 연유한다. 일단 우리가 법칙의 필연성을 믿는다 치고, 우리는 이 믿음을 합리적으로 정초할 수 있는가? 모든 환경이 동일하다면, 우리는 법칙들이 장래에도 여전히 오늘과 같으리라고 보장할 수 있는가? 흄이 마주친 아포리아는 논리도 경험도 그런 정당화를 제공하지 못한다는 데 있다. 왜냐하면 한편으로는 [지금] 관찰 가능한 상수들이 장래에 변양한다는 데 아무런 모순이 없기 때문이고, 다른 한편으로는 경험은 현재와 과거에 대해서만 가르쳐 줄 뿐 장래에 대해서는 가르쳐 주지 않기 때문이다. 자연법칙에 대해 전제된 필연성은 이제 수수께끼가 되어 버린다. 충족이유율이 거기에는 실효성 있게 적용될 수 없기 때문이다. 우리는 법칙들이 다르게가 아니라 바로 그렇게 있어야 하는 이유를, 일순간에 자의적으로 변양되지 않고 현 상태대로 영속해야 하는 이유를 발견할 수 없다.

그런데 우리의 관점은 흄의 관점을 뒤집은 것이다. 우리는 [흄과는] 정반대로 자연의 법칙들이 아무 이유 없이 중단될 수 있다는, [그래서] 그 법칙들과 양립 불가능한 어떤 사건이 [벌어질 수 있다는] 실제적 가능성을 출발점으로 삼자고 제안한다. 우리가 제기하는 물음은 다음과 같다. 선험적으로, 즉 아무 모순 없이, 자연법칙의 카오스적인 변양을 인식할 수 있다고 흄이 우리를 설득했으니, 경험보다는 사유의 역량을 신뢰[해야 하지 않겠는가]? 관찰 가능한 상수들의 외관상의 고정성을 우리에게 현전시키는 경험—경험이, 오로지 경험만이 그렇게 한다—을 신뢰하기보다는 자연의 법칙들의 우연성을 정립하게끔 우리를 추동하는 사유의 역량을 신뢰해야 하지 않겠는가? 흄이 우리에게 암묵적으로일지언정 대가의 솜씨로 보여 준 급진적 **카오스**의 사고intellection를 고집하는 대신, 법칙들이 필연적이라고 믿음으로써 그것들의 경험적 고정성을 연장해야 할 이유가 어디 있겠는가? 달리 말하면, 충족이유율의 실패 [자체]를 절대화하지 않을 이유가 어디 있겠는가? 법칙들에 이유가 부재한다는 [사실]—흄의 문제에서 우리가 부딪히게 되는 것—이 그런 이유를 발견할 수 없다는 사유의 무능함이 아니라, 사물들에도 법칙들에도 이유가 실제적으로 부재한다는 것, 그것들이 언제든 변양될 수 있다는 것을, 실재를 곧장 선험적으로 직관할 수 있는 사유의 유능함을 뜻한다고 주장함으로써 말이다. 관건은 우연성을 모든 존재—법칙이든 사물이든—의 절대적 속성으로 삼는 데 있을 것이다. 재규정된 이성, 충족이유율에서 해방된 이성의 책무는 이를 인식하고 기술하는 것이다. [위아래가] 전복된 플라톤주의라기보다는 [안팎이] 까뒤집힌 플라톤주의의 발상이 모습을 드러낸다. **이념**의 불변성에 닿기 위해서 언제나 변전 중인 현상의 매혹으로부터 해방되어야 한다고 주장하지 않는 그런 플라톤주의. 이 플라톤주의는 사유가 법칙들의 현상적 고정성이라는 매혹에서 해방되어 순전히 가지적인 **카오스**, 이유 없이 사물들 및 사물의 법칙들을 파괴도 하고 산출도 할 수 있는 **카오스**에 닿아야 한다고 주장한다.

이는 흄의 문제를 우리가 해소했음을 뜻하는가? 이제 우리가 법칙들이 필연적이기보다는 우연적임을 정립했으니? 물론 그렇지 않다. 이제 다른 문제가 다음과 같은 반박의 형태로 제기되는데, 이는 우리의 테제가 신빙성 없어 보이는 이유를 표현한다. 만약 법칙들이 이유 없이 아무 때나 변양될 수 있었더라면, 그런 일이 한 번도 현시하지 않는 건 지나치게 비개연적이라는 반박. 그리고 사실, 물질이, 그 가장 미시적인 수준에서, 상이한 무수한 법칙들을 그치지 않고 따를 수 있는 것이었더라면, 아예 현시조차 더 이상 없을 정도로 무질서했을 것이다. 이런 논변은 [칸트의] 초월적 연역의 핵심이다. 법칙들의 우연성은 표상의 구성적 안정성과 양립 불가능하다. 하지만 이제 우리의 과업은 정확해진다. 우리는 법칙들의 우연성으로부터 물질의 빈번한 무질서를, 심지어는 격렬한 무질서를 결론으로 도출함으로써 흄이 재정식화한 문제를 해소하는 것을 거부해야 한다. 표상에 대해서도 마찬가지다. 그럼으로써 법칙들의 뻔히 보이는 안정성이 나아가 그 필연성에 대한 고집으로 옮아가지 않도록 확고히 해야 한다. 이것이 유령 딜레마가 우리에게, 반자연적인 사건이 산출될 수 없다는 불가능성을 거부하고자 한다면, 해소하도록 요구하는 첫 번째 문제다(최후의 문제는 결코 아니다). **신**은 이제 여하한 법칙에 종속되지 않는 **카오스**의 결과, 우연적이되 영원히 가능한 결과로서 사유될 수 있어야 한다.

어떤 절대un absolu에 닿을 수 있는 능력을 사유에 부여하는 모든 철학을 사변적이라고 불러 볼 만하겠다. 그리고 절대에 닿기 위해서 충족이유율의 양태에 의거하는 모든 철학을 형이상학적이라고 불러 볼 수 있겠다. 이런 어휘집에 따르면, 형이상학은 모두 사변적일 수밖에 없다. 그러나 역으로, 모든 사변이 꼭 형이상학적인 것은 아니다. 이유율의 근본적 오류에 의거하는 사변은, 사물들이 다르게 있지 않고 바로 그렇게 존재하게끔 속박하지 않는 어떤 절대를 기술할 것이다. 이 절대는 사물들이 지금 있는 대로 있지 않을 수 있도록 강제한다. 이제 우리는 우리가 도달하고자 하는 결론을 정식화할 수 있다. 유령 딜레마의 실존적 해소는 흄의 문제의, 형이상학적이지 않고 사변적인 해소를 따라간다.

실존하지 않는 신에 대해 결론 삼아 몇 마디 하자. 일단 그것이 **카오스**의 우연적 결과로 규정되고 나면 우리는 어떻게, 어떤 조사의 원리를 따라, 그 본성을 정확히 하기 위한 노력을 기울여야 하는가? 이 지점에서 칸트적인 물음을 초월론적 장의 바깥에서 다시 제기할 법하다. 나는 이제 희망할 수 있게 되었는데, 내게 희망하게끔 허락하는 것은 무엇인가? 다시금 바람직하게 된 신, 사랑할 만하게 된 신, 모방할 만하게 된 신은 무엇인가? 만약 현재의 자연법칙들과 단절하는 창발의 실재적 가능함을 획득된 것으로 간주한다면, 니체적인 요구에 (역설적이게도) 가까운 의미에서 가장 '고귀'한, 가장 흥미롭고 가장 독특하면서 가능한 신성함은 무엇일까? 이 미래의 신, 내재적 신은 인격적이어야 하는가? 아니면 생자, 망자, 다시 태어난 자 사이의 평온한 공동체, '조화'로 구성되어야 하는가? 우리는 이 물음들에 대한 정확한 대답을 도모할 수 있으며 그것이 사유의 참신한 체제를 규정하리라고 믿는다. 그것은 무신론과도 신학과도 단절한다. 그것은 신성학이다. 여전히 구성되어야 할 신성학, 어쩌면 이것에 의해서 인간과 인간을 떠나지 않는 자들 사이에 새로운 관계가 직조될지도 모른다.

1 가독성을 위해 "진정한"이라고 새긴 'essentiel'은 원문에 충실하자면 '본질적'이라고 번역해야 할 것이다. 메이야수는 이 용어를 한갓 경험적인 수준으로 환원되지 않고 지양되지 않는 무언가를 가리킬 때 사용한다. 예컨대 '본질적' 종교는 불교, 회교, 기독교 등 역사 안에 존재하는 이런저런 종교로 환원되지 않는 어떤 종교성을 가리킨다(역주).

2 아무런 의미도 없이, 완수되지 않은 채로 끝나 버린 생은 메이야수에게 부정의(injustice)의 표상이다. 여기 실린 「애도를 상속하기」를 보라(역주).

3 나는 사후의 삶이라는 테제를 인격적 **신**의 실존과 결부시키는 모든 입장을 '종교적'이라고 불렀다. 그리고 사후의 삶 및 인격적 **신**의 실존 모두를 거부하는 모든 입장을 '무신론적'이라고 불렀다. 물론 이 편의상의 분류에 들어맞지 않는 입장들이 있을 수 있다. 위에서 언급한 사두개파는 인격적 신에 대한 믿음을 영생을 거부하는 것으로 굴절시켰다. 스피노자는 정반대로 인격적 신에 대한 거부를 영생의 가능성이라는 테제와 연결했다. 그럼에도 그런 입장들은 이 분석의 요를 전혀 해치지 않는다. 즉 유령 딜레마를 해결할 수 없다는 주요 표상 체계의 무능함을 [해소하지 못한다]. 사두개파의 경우 나쁜 **신**의 절망에 죽은 자들이 부활하지 않는다는 절망을 더할 [뿐이다]. 스피노자주의의 경우 분별을 얻기에는 너무 이르게 죽어 버린 이들이 행복하게 영생하리라는 희망이 포기되어야 하고, 그런 운명을 주재하는 가차 없는 필연성이 받아들여져야 한다.

지은이

박영진

연세대학교에서 학부와 대학원을 마치고, 뉴욕 주립 대학교에서 미술사 석사학위를, 캐나다 토론토 대학교에서 라캉과 바디우에 관한 연구로 박사학위를 받았다. 프로이트대의학파(École de la Cause freudienne) 소속 분석가와 교육분석을 했고, 정신분석가 브루스 핑크(Bruce Fink)와 수퍼비전을 했다. 건국대학교 문학예술심리치료학과, 한국예술종합학교 극작과에서 정신분석을 강의하고 있다. 저서에 『사랑, 그 절대성의 여정』, 『여자는 존재하지 않는다』, 『라캉, 사랑, 바디우』 등이 있고, 역서에 『임상사례로 읽는 라캉의 정신분석』, 『알랭 바디우 세미나: 자크 라캉』, 『라캉의 사랑』 등이 있다. 현재 <라캉정신분석연구소>에서 분석가로 활동하고 있다.
cafe.naver.com/lacanseminaire

조영아

럼보의 편집자이며 연세대학교 학부에서 신문방송학을, 동 대학원에서 비교문학을 공부했다. 정신분석을 연계한 예술교육 수업을 한다. 지은 책으로 『불가능한 목소리2』(공저)가 있다.

서지형

서울대학교에서 석박사를 거치며 긴 시간을 공부했다. 석사에서는 마르그리트 뒤라스로, 박사에서는 모리스 블랑쇼로 학위를 마쳤다. 공부하는 동안 대중과의 과감한 소통을 시도하며 시공사에서 『속마음을 들킨 위대한 예술가들』과 『논술의 심장, 생각을 훔쳐라』 등의 대중도서를 발간하였다. 현재 서울대학교와 성신여자대학교에서 프랑스문학을, 가톨릭대학교 특수대학원에서 정신분석 이론을 강의하며 문학과 정신분석 이론에 관한 다수의 논문을 발표하였고, 전공 작가인 모리스 블랑쇼 선집 번역에 매진 중이다. 옮긴 책으로는 그린비에서 출간한 모리스 블랑쇼 선집 중, 『최후의 인간』이 있다.

박영옥

연세대 철학과에서 사르트르 철학 연구로 석사학위를, 프랑스 부르고뉴 대학에서 레비나스 철학 연구로 박사학위를 받았다. 옮긴 책으로 미셸 앙리의 『물질 현상학』 및 『육화, 살의 철학』, 기욤 르 블랑의 『안과 밖: 외국인의 조건』, 『달리기』, 자크 랑시에르의 『역사의 형상들』, 『자크 랑시에르와의 대화』, 막심 로베르의 『스피노자와 그 친구들』, 모리스 블랑쇼의 『저 너머로의 발걸음』이 있다. 지은 책으로는 『불가능한 목소리』(공저)가 있다.

이혜인

연세대학교에서 프랑스 문학을 공부하고, 동 대학원과 파리3대학에서 석사과정을 마쳤다. 파리8대학에서 아니 에르노, 엘렌 식수, 샹탈 아케르만의 애도하는 글쓰기에 관한 박사 논문을 썼으며, 옮긴 책으로는 엘렌 식수의 『아야이! 문학의 비명』과 샹탈 아케르만의 『브뤼셀의 한 가족』이 있다. 현재 연세대학교에서 강의하면서 번역 작업을 이어가고 있다.

고해종

인문학 연구자, 연극 연출가. '연극으로 철학하기'를 과업으로 삼고 있다. 연세대학교 경제학과와 동국대학교 연극학과에서 공부했으며, 철학극장이라는 창작단체와 캣츠랩이라는 연구단체에서 활동하면서 여러 대학에서 가르친다. 연극 <만나러 갈게, 비는 오지만>, <노란 달: 레일라와 리의 이야기>, <총독의 소리: 국민적 인간의 생산>, <부재중인 방> 등을 만들었고, 논문 「포스트드라마적 연극의 이념과 구성에 대한 들뢰즈주의적 독해」, 「예술적 세속화의 임계점」, 「데리다와 현대 연극」 등과 책 『불가능한 목소리』(공저) 등을 썼다.

김민호

서울대학교에서 법학을 전공했으며, 동 대학 철학과에서 데카르트의 『정념론』을 주제로 석사 논문을, 파리8대학 산하 철학의 현대적 논리 연구소(LLCP)에서 데리다 사유의 전개를 주제로 박사 논문을 작성했다. 논문으로는 「데리다의 시원적 사유로서의 『발생의 문제』」, 「긍정 부재신학으로서의 자크 데리다의 철학」, "Le Loup et les spectres: souverain et justice chez Derrida" 등을, 책으로는 『데리다와 역사: 데리다 철학에 대한 하나의 입문』, 『이야기꾼과 놀이꾼』(공저), 『스크롤을 멈추면』(공저) 등을 썼으며, 『비밀의 취향』, 『우편엽서』(공역, 근간) 등 데리다 저작을 우리말로 옮겼다.

퀭탱 메이야수

1967년 파리에서 태어나 고등사범학교를 졸업하고 1997년 파리1대학 팡테옹-소르본에서 베르나르 부르주아의 지도하에 『신의 비실존, 잠재적 신에 대한 시론』으로 박사 학위를 받았다. 2002년에 알랭 바디우, 이브 뒤루와 함께 국제 현대 프랑스 철학 연구 센터(CIEPFC)의 창립에 참여하였다. 2007년 영국 골드스미스 칼리지에서 레이 브래시어, 그레이엄 하먼 등과 함께 상관주의 철학을 비판하고 절대를 복권시키려는 새로운 철학 운동을 주창함으로써 오늘날 '사변적 실재론'이라 불리는 철학 조류를 이끌고 있다. 현재 파리1대학 팡테옹-소르본의 교수로 재직 중이며, 저서로는 『유한성 이후』, 『형이상학과 과학 밖 소설』, 『수와 사이렌』, 『생성 없는 시간』 등이 있다.

불가능한 애도

초판 1쇄 발행일	2025년 3월 18일
지은이	박영진, 조영아, 서지형, 박영옥, 이혜인, 고해종, 김민호, 퀑탱 메이야수
편집	조영아, 김민균, 민현주
디자인	백지훈 (플래티넘 디자인 www.pltnm.kr)
인쇄	인타임
펴낸곳	림보 프레스
등록번호	제2021-000036호
주소	04392 서울시 용산구 장문로 27
이메일	limbopress@naver.com
ISBN	979-11-975076-2-5 93160
가격	16,800원

© 림보프레스, 2025

이 책은 저작권법에 따라 보호받는 저작물이므로 무단 전재와 복제를 금지하며, 이 책 내용의 전부 또는 일부를 이용하려면 반드시 림보프레스의 서면 동의를 받아야 합니다.